无器械高强度间歇 训练手册

视频学习版

凌占一 编著

人民邮电出版社

北京

图书在版编目（CIP）数据

无器械高强度间歇训练手册：视频学习版 / 凌占一
编著. -- 北京 : 人民邮电出版社, 2023.10
ISBN 978-7-115-60177-3

Ⅰ. ①无… Ⅱ. ①凌… Ⅲ. ①健身器械－健身运动－
手册 Ⅳ. ①G883-62

中国版本图书馆CIP数据核字 (2022) 第190740号

免责声明

本书内容旨在为大众提供有用的信息。所有材料（包括文本、图形和图像）仅供参考，不能替代医疗诊断、建议、治疗或来自专业人士的意见。所有读者在需要医疗或其他专业协助时，均应向专业的医疗保健机构或医生进行咨询。作者和出版商都已尽可能确保本书技术上的准确性以及合理性，并特别声明，不会承担由于使用本出版物中的材料而遭受的任何损伤所直接或间接产生的与个人或团体相关的一切责任、损失或风险。

内 容 提 要

本书对高强度间歇训练（HIIT）这一科学、高效的训练方式的基础知识和不借助器械进行该训练的方法进行了系统、全面的介绍。全书共分为 3 个部分。第 1 部分对高强度间歇训练的基本原理和练前准备进行了系统的介绍，包括其定义、为何流行、为何有效、训练关键、常用训练法、训练期间的饮食建议、训练前的身体评估与目标设定等，帮助读者掌握一定的基础知识，以安全、高效地进行训练。第 2 部分以图文形式详解了针对上半身、核心、下半身和全身的精选训练动作，以及适用于热身与放松环节的训练动作，其中，部分训练动作配有视频指导，方便读者快速掌握要点。此外，第 2 部分还介绍了 HIIT 跑步法及跑步时的注意事项，帮助读者以正确的方法进行 HIIT 跑步训练。第 3 部分介绍了训练计划的制订原则，并提供了针对不同目的的训练计划。任何想要通过 HIIT 改变自身的读者均可从本书的内容中获益。

◆ 编　　著　凌占一
　　责任编辑　王若璇
　　责任印制　马振武

◆ 人民邮电出版社出版发行　北京市丰台区成寿寺路 11 号
　　邮编　100164　电子邮件　315@ptpress.com.cn
　　网址　https://www.ptpress.com.cn
　　涿州市京南印刷厂印刷

◆ 开本：700×1000　1/16
　　印张：11　　　　　　　　　2023 年 10 月第 1 版
　　字数：261 千字　　　　　　2023 年 10 月河北第 1 次印刷

定价：39.80 元

在线视频访问说明

本书提供了第 3 章和第 5~9 章部分训练动作的在线视频，您可以按照以下步骤，获取并观看视频。

● **步骤1**

点击微信聊天界面右上角的"+"，弹出功能菜单（图 1）。点击"扫一扫"，扫描下方二维码。

● **步骤2**

添加"阿育"为好友（图 2），进入聊天界面并回复关键词【60177】（图 3），等待片刻。

● **步骤3**

点击弹出的视频链接，进入视频列表，选择对应章节、对应动作，即可直接观看视频（图 4）。

图1

图2

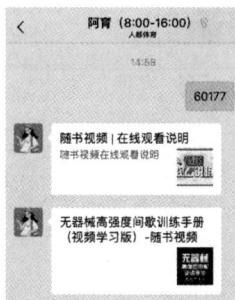

图3

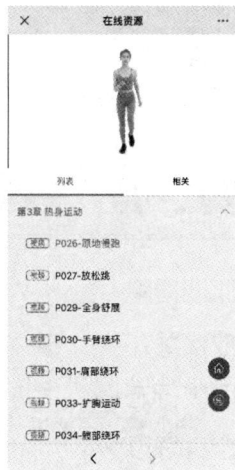

图4

目录

第1章　认识 HIIT

什么是 HIIT ⋯⋯⋯⋯⋯⋯⋯⋯⋯⋯⋯⋯⋯⋯⋯⋯⋯ 2

HIIT 为何流行 ⋯⋯⋯⋯⋯⋯⋯⋯⋯⋯⋯⋯⋯⋯⋯ 3

HIIT 为何有效 ⋯⋯⋯⋯⋯⋯⋯⋯⋯⋯⋯⋯⋯⋯⋯ 5

训练关键：高强度运动 ⋯⋯⋯⋯⋯⋯⋯⋯⋯⋯ 7

常用训练法 ⋯⋯⋯⋯⋯⋯⋯⋯⋯⋯⋯⋯⋯⋯⋯⋯⋯ 8

训练期间的饮食建议 ⋯⋯⋯⋯⋯⋯⋯⋯⋯⋯⋯ 10

关于 HIIT 的争议 ⋯⋯⋯⋯⋯⋯⋯⋯⋯⋯⋯⋯⋯ 12

第2章　HIIT 前准备

身体评估 ⋯⋯⋯⋯⋯⋯⋯⋯⋯⋯⋯⋯⋯⋯⋯⋯⋯⋯ 14

设定目标 ⋯⋯⋯⋯⋯⋯⋯⋯⋯⋯⋯⋯⋯⋯⋯⋯⋯⋯ 17

准备装备 ⋯⋯⋯⋯⋯⋯⋯⋯⋯⋯⋯⋯⋯⋯⋯⋯⋯⋯ 18

学习动作 ⋯⋯⋯⋯⋯⋯⋯⋯⋯⋯⋯⋯⋯⋯⋯⋯⋯⋯ 20

牢记重要原则 ⋯⋯⋯⋯⋯⋯⋯⋯⋯⋯⋯⋯⋯⋯⋯ 23

第3章　热身运动

原地慢跑 ⋯⋯⋯⋯⋯⋯⋯⋯⋯⋯⋯⋯⋯⋯⋯⋯⋯⋯ 26

放松跳 ⋯⋯⋯⋯⋯⋯⋯⋯⋯⋯⋯⋯⋯⋯⋯⋯⋯⋯⋯ 27

四肢行走 ⋯⋯⋯⋯⋯⋯⋯⋯⋯⋯⋯⋯⋯⋯⋯⋯⋯⋯ 28

全身舒展 ⋯⋯⋯⋯⋯⋯⋯⋯⋯⋯⋯⋯⋯⋯⋯⋯⋯⋯ 29

手臂绕环 ⋯⋯⋯⋯⋯⋯⋯⋯⋯⋯⋯⋯⋯⋯⋯⋯⋯⋯ 30

肩部绕环 ⋯⋯⋯⋯⋯⋯⋯⋯⋯⋯⋯⋯⋯⋯⋯⋯⋯⋯ 31

眼镜蛇式 ⋯⋯⋯⋯⋯⋯⋯⋯⋯⋯⋯⋯⋯⋯⋯⋯⋯⋯ 32

扩胸运动 ⋯⋯⋯⋯⋯⋯⋯⋯⋯⋯⋯⋯⋯⋯⋯⋯⋯⋯ 33

髋部绕环 ……………………………………………………………… 34

膝部屈伸 ……………………………………………………………… 35

脚踝绕环 ……………………………………………………………… 36

第 4 章　跑步运动

选择跑步运动的理由 …………………………………………………… 38

跑步运动的注意事项 …………………………………………………… 39

HIIT 跑步法 …………………………………………………………… 41

第 5 章　上半身训练

俯卧撑 ………………………………………………………………… 43

钻石俯卧撑 …………………………………………………………… 47

收腿俯卧撑 …………………………………………………………… 48

俯卧撑爬坡 …………………………………………………………… 49

倒 V 形俯卧撑 ………………………………………………………… 50

俯卧撑转体 …………………………………………………………… 51

直腿臂屈伸 …………………………………………………………… 52

屈腿臂屈伸 …………………………………………………………… 53

跪姿臂屈伸 …………………………………………………………… 54

俯身划船 ……………………………………………………………… 55

坐姿肩外旋 …………………………………………………………… 56

俯卧 YTW 形伸展 …………………………………………………… 57

推举 …………………………………………………………………… 58

第 6 章　核心训练

平板支撑 – 直臂 ……………………………………………………… 61

俯撑 – 收腿 …………………………………………………………… 64

俯撑 – 侧抬腿 ………………………………………………………… 65

俯撑 – 慢速跨步登山 ………………………………………………… 66

俯撑－跨步登山 67

俯撑－转体摸脚 68

俯撑－交替摸脚 69

侧平板支撑 70

卷腹 72

仰卧两头起 75

仰卧膝碰肘 76

反向卷腹－臀桥 77

卷腹－腿屈伸 78

仰卧屈膝旋转 79

仰卧摆腿 80

仰卧交替摸脚 81

坐姿振臂 82

坐姿转体 83

坐姿收腿 84

坐姿交替收腿 85

站姿膝碰肘 86

第7章　下半身训练

深蹲 88

深蹲跳 90

手触地跳跃 92

屈膝跳 93

保加利亚深蹲 94

弓步蹲 95

单腿硬拉 96

硬拉摇摆 97

交替前弓步 98

交替后弓步－对角线 99

弓步提膝 100

弓步跳 – 开脚跳 ·· 101

滑冰式 ··· 102

踢臀跑 ··· 103

前后小跳 ·· 104

踝关节平行跳 ·· 105

左右交叉小跳 ·· 106

高抬腿 ··· 107

交替前踢触脚尖 ··· 108

俯卧腿弯举 ··· 109

跪姿腿画圆 ··· 110

直膝前踢腿 ··· 111

第8章　全身训练

波比跳 ··· 113

交叉臂踢腿跳 ·· 117

原地膝碰肘跑 ·· 118

反向支撑 – 交替摸脚 ·································· 119

左右开合步 ··· 120

开合跳 ··· 121

合掌跳 ··· 122

手臂画圆踢腿跳 ··· 123

第9章　放松运动

肱二头肌拉伸 ·· 125

肱三头肌拉伸 ·· 126

三角肌后束拉伸 ··· 127

颈部拉伸 ·· 128

腹部拉伸 ·· 129

上背部拉伸 ··· 130

胸部拉伸 ··· 131

梨状肌拉伸 ·· 132

臀部拉伸 ··· 133

扭转拉伸 ··· 134

髂腰肌拉伸 ·· 135

大腿后侧拉伸 ··· 136

大腿前侧拉伸 ··· 137

小腿拉伸 ··· 138

第 10 章　制订训练计划

制订原则 ··· 140

进阶训练计划 ··· 142

分部位强化计划 ·· 148

多类型减脂计划 ·· 154

第1章
认识 HIIT

什么是 HIIT

　　HIIT 的英文全称为 High-intensity Interval Training，中文全称为高强度间歇训练，即通过科学的计划，将高强度运动和间歇休息相结合的训练方式。无论是专业运动员，还是有健身需求的普通人群，都能够通过形式不同的 HIIT 来达到减脂、增肌、塑形等目的。要想从 HIIT 中获得理想的训练效果，控制好运动强度和间歇休息的比例是关键，因此深入了解二者也是十分必要的。

1 高强度运动

　　高强度运动是相对于中等强度运动或低强度运动而言的。如果将一个人所能承受的运动强度等级分为 1~10 级，1 级代表完全不需要花费力气的强度，如舒适地坐着等，10 级代表需要达到体能极限才能完成的强度，那么低强度为 1~3 级，中等强度为 4~5 级，高强度为 6~8 级。我们并不推荐强度为 9~10 级的运动，因为如此极限的强度会给训练者的心肺功能带来极大的考验，甚至会产生无法挽回的危害，尤其对于新手以及在无专业教练指导的情况下。

　　实验证明，6~8 级是 HIIT 最为适合的强度区间，既能保证达到最佳的训练效果，又能保证训练者的身心健康。对于不同人群来说，运动强度等级的划分也是有差别的。例如，同一个训练动作，对于专业运动员而言可能只是中等强度的动作，但对于普通健身者而言则可能是高强度的动作。因此，每个训练者都要通过对自身运动水平的测试来确定适合自己的运动强度等级，从而制订合理的训练计划。而且随着训练的不断深入，训练者自身的运动水平也在不断提高，此时可以重新测试，根据新的测试结果来调整方案，以便改善训练效果。

1~3 级	4~5 级	6~8 级	9~10 级
低强度	中等强度	高强度	极限强度 （不推荐）

　　● 将一个人所能承受的运动强度等级分为 1~10 级，1 级代表完全不需要花费力气的强度，10 级代表需要达到体能极限才能完成的强度。

2 间歇休息

　　间歇休息是指在两组运动或两个动作之间的休息时间，HIIT 并不是将高强度运动一次性做完的训练方式，而是运动、休息、运动、休息……这样循环往复地进行。例如，HIIT 中较为有名的 Tabata 训练法：20 秒高强度运动、10 秒休息为 1 组，循环往复地进行 8 组，总训练时长为 4 分钟，其中 10 秒的休息便是间歇休息。

间歇休息的规划也像运动强度等级一样因人而异，运动和休息时间的比例可以是 1 : 1（如 30 秒高强度运动、30 秒休息为 1 组）、2 : 1（如 30 秒高强度运动、15 秒休息为 1 组）、3 : 1（如 30 秒高强度运动、10 秒休息为 1 组）等，也可以根据自身情况进行调整。即便使用同样的比例，高强度运动与休息的具体时间也会因总训练时长不同而有所不同，训练难度也因此不同。例如比例为 2 : 1 时，40 秒高强度运动、20 秒休息为 1 组的难度要低于 20 秒高强度运动、10 秒休息为 1 组的难度；如果同样是 40 秒高强度运动、20 秒休息为 1 组，则反复进行 4 组、总训练时长为 4 分钟的难度肯定要低于反复进行 6 组、总训练时长为 6 分钟的难度。因此，HIIT 的训练计划多样，大家要严格遵循训练原则，选择与自身素质匹配的训练计划，避免过度运动产生的危害。

Tabata 训练法

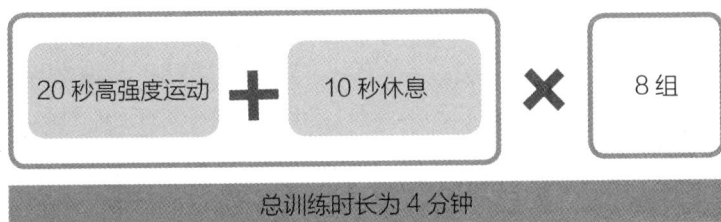

20 秒高强度运动	➕ 10 秒休息	✖	8 组

总训练时长为 4 分钟

HIIT 为何流行

随着运动健身理念的普及，很多人对 HIIT 有所耳闻，而最广为人知，也是最吸引大家采用 HIIT 来健身的理由之一便是 HIIT 用时较短，基本上每次的训练时长不会超过半小时。尤其对于生活节奏快、工作压力大的上班族而言，HIIT 是高效便捷的选择。其实除了用时短之外，HIIT 还有很多其他益处，下面会一一告知大家，使大家对 HIIT 的认识更全面。

1 节约时间

在同等时间内，HIIT 所消耗的热量要远多于跑步、力量训练等方式，训练效率很高。就拿 Tabata 训练法来说，只需 4 分钟便可完成，即便加上训练前的热身运动和训练后的放松运动，整个训练时长也不会超过 20 分钟（新手可能需要较长的间歇休息，但整体时长控制在 30 分钟之内是没有问题的）。

此外，HIIT 结束后的一到三天内，身体会持续消耗热量，发生运动后过量氧耗所导致的反应（具体介绍见后文）。还有研究表明，HIIT 会显著提升身体的基础代谢率，使身体在不运动时也能消耗更多热量。综上所述，HIIT 是一种非常节约时间的高效训练方式。

❷ 场地不限

HIIT 所包含的训练动作极多，既有无须特定场地和任何器械便能进行的徒手训练，也有需要特定场地和不同器械的各类训练。对于普通健身者来说，HIIT 极具便利性，无论是在办公室、楼梯间，还是在家中、户外，都能进行训练，而不必去健身房，还可以利用等人、等车的零碎时间或在看电视、听音乐的同时完成训练，从而避免占用整段的时间，让训练更高效。

❸ 效果更佳

大部分人健身的目的都是减脂、增肌或塑形，HIIT 在满足这三个要求的基础上还具有大幅度增强身体的心肺功能、加速新陈代谢、减缓机体的衰老速度、纾解日常的心理压力等一系列效果。尤其在便捷的现代生活中，各种代步工具和通信设备使人们走路的机会越来越少，高热量的食品随处可见，人们短暂的休息时间被游戏、综艺节目、电视剧等更具吸引力的项目所占据，加之经常加班和熬夜，人们的身体素质每况愈下。而 HIIT 能有效改善身体的亚健康状态。

❹ 针对性强

对 HIIT 训练动作进行选择和组合，能够实现不同的训练目标。使用针对全身的训练动作可以快速消耗脂肪、增强身体灵活性，使用针对局部的训练动作可以针对重点部位强化肌肉力量、塑造优美线条。

节约时间 短时间内消耗更多热量	场地不限 不受空间限制
效果更佳 更好的健身效果	**针对性强** 实现不同训练目标

HIIT 为何有效

HIIT 被证实有效并非仅靠前人的经验和训练者自身的体会，而是有着生理学方面的科学依据，下面分别从训练中和训练后两方面对此进行阐述。

1 训练中

无论何种运动方式，反映在生理上都被归纳为有氧运动和无氧运动两种。有氧运动是在有氧气参与的前提下，人体通过分解糖和脂肪提供运动中所需能量的运动方式，如快走、慢跑等能够长时间进行的项目，能够达到减脂、塑形和增强心肺功能等效果；无氧运动则是在缺乏氧气的情况下，人体将糖直接转化为能量来使用的运动方式，如短跑、力量训练等只能短时间进行的项目，能够快速增加肌肉量和身体力量。

有氧运动	无氧运动
低强度运动或中等强度运动，如快走、慢跑等能够长时间进行的，能够达到减脂、塑形和增强心肺功能等效果的项目。	高强度运动，如短跑、力量训练等只能短时间进行的，能够快速增加肌肉量和身体力量的项目。

二者相比最为明显的区别便是：有氧运动属于低强度运动或中等强度运动，运动中训练者可以保持平缓的呼吸或略微加快呼吸，但不会感觉到任何不适；而无氧运动属于高强度运动，训练者会呼吸急促甚至无法说话，心跳剧烈且肌肉疲乏，这是血液中乳酸浓度上升产生的影响。在氧气充足的情况下，乳酸会在肝脏内重新转化为葡萄糖；但在无氧的情况下，乳酸会逐渐累积，使肌肉酸痛、呼吸困难，当乳酸持续累积至某个阈值时，身体便会无法承受。通常，有氧代谢和无氧代谢在体内是同时进行的。如果进行某项运动时，体内有氧代谢供能多于无氧代谢供能，则将其归为有氧运动；如果进行某项运动时，体内无氧代谢供能多于有氧代谢供能，则将其归为无氧运动。HIIT 是一种在略低于乳酸阈的情况下进行的无氧运动，在短时间之内会让肌肉进行高强度的复合运动，燃脂效率更高，还能有效锻炼肌肉。

2 训练后

科学研究发现，即便在 HIIT 结束后的一到三天之内不再进行任何训练，身体也仍在持续消耗热量，而在散步、慢跑等中低强度的训练后不会发生这种情况，这是运动后过量氧耗所导致的反应。运动后过量氧耗是指运动后的恢复期内，为了偿还运动中的氧亏，机体由高水平的代谢恢复到安静水平时消耗的氧量。在 HIIT 中，身体在进行无氧运动时积累了大量的乳酸，而在训练结束后，身体为了恢复到日常的平衡状态，仍然需要更多的氧气来对乳酸进行转化，从而在不运动的情况下继续消耗热量，而且训练时的强度越大，运动后过量氧耗反应持续的时间越长。有资料表明，在进行约 10 分钟的 HIIT 之后的第二天和第三天，因运动后过量氧耗反应而产生的热量消耗在 800 千卡（1 千卡 ≈ 4.186 千焦）以上。

运动后过量氧耗反应的存在使得 HIIT 的优势更为显著。首先，HIIT 可被视为训练中无氧 + 训练后有氧的复合型运动，如此便能通过一种训练收获两种运动带来的多重效果。其次，运动后过量氧耗反应的好处在于结束 HIIT 后仍能享受到训练带来的收益，这意味着只需要两到三天进行一次 HIIT 便能取得很好的健身效果。最后，相比于单纯的有氧运动，HIIT 能够增加身体的肌肉量，从而提高身体的基础代谢率，并使身体在每次训练中和训练结束后都保持消耗能量。而像慢跑这类的运动，刚开始进行时，训练者可能只需要隔天跑一次、每次跑五千米便可以实现减脂、减重的目标，但持续一段时间后，身体适应了这种刺激，改变就会停止，此时需要新的刺激才能促使身体继续减脂、减重，训练者只能不断增加跑步次数或时长，但这样会增加运动过度导致损伤以及超量消耗的风险。

训练中无氧 +
训练后有氧的
复合型运动

**运动后
过量氧耗**

事半功倍，
无须天天训练仍
能收获良好效果

减少运动过度
导致损伤以及超
量消耗的风险

训练关键：高强度运动

高强度运动是 HIIT 的关键所在，一般可通过心率和自身感觉来判断当下运动是否属于高强度运动。

1 心率

每个人的遗传基因决定了其最大心率，且最大心率会随着年龄的增长而降低，而每个人的身体素质也有差异，这会导致不同个体在做同等强度运动时心率不同。因此，对于不同个体来说，进行高强度运动时的心率是不一致的。在进行 HIIT 之前，可通过适用于多数人的公式来估算最大心率，然后以此为基础确定运动时和休息时的心率。进行高强度运动时，心率应为最大心率的 86%~95%。在间歇休息中，应使心率恢复至小于最大心率的 65%，再进行下一次的高强度运动。如此循环往复便能实现高效的 HIIT。需要注意的是，尽管高强度运动是 HIIT 的关键，但应避免心率高于最大心率的 95%，否则容易出现运动损伤。另外，间歇休息的时长应足以使心率下降至小于最大心率的 65%，否则身体恢复不佳，这会导致无法全力以赴地进行之后的训练，影响 HIIT 的效果。

> **估算公式**　个体最大心率 =208-（0.7× 年龄）

- 进行高强度运动时，心率应为最大心率的 86%~95%。
- 应避免心率高于最大心率的 95%，否则容易出现运动损伤。

可使用心率带和具备测量心率功能的运动手表来随时随地监测心率的变化。通常，使用心率带测得的心率更为精准，其有胸带和臂带两种形式。市面上销售的很多心率带和运动手表都可连接手机应用程序，我们可在应用程序上查看瞬时心率和一段时间内的心率变化等多种数据，从而更好地了解运动时的身体状态。

2 感觉

当缺少测量心率的设备时，可以根据自身感觉来判断运动强度。这里提供一份适用于大多数人的运动强度对应感觉的量表。

该量表将运动强度分为 1~10 级: 1 级强度下，身体感觉十分舒适，如坐在椅子上；2 级强度下，身体感到有很轻的负担，如随意地站着；3 级强度下，身体感到有负担但呼吸并无变化，如悠闲地散步；4 级强度下，身体感到疲劳，呼吸频率加快，如持续地快走；5 级强度下，身体明显发热，心跳加快，呼吸急促，如匀速慢跑；6 级强度下，身体明显出汗，心跳急促，呼吸快到让人无法说话，如一百米到两百米短跑；7 级强度下，身体要费力维持运动，肌肉感到酸痛，需要大口呼吸；8 级强度下，身体快要无法坚持，心脏似乎要跳出胸腔，呼吸频率接近极限；9 级强度下，身体筋疲力尽，肺部产生灼烧感，很难继续维持运动；10 级强度下，身体达到极限，甚至会产生因运动过度而休克的危险。其中，6~8 级强度的运动可以视为高强度运动。运动时，可以根据该量表，基于自身感觉来评估当前的运动强度。进行 HIIT 时，既要让运动强度达到高强度运动对应的等级，又要避免运动强度过高而出现运动损伤。

常用训练法

接下来将介绍一些常用的 HIIT 训练法。以 Tabata 训练法为基础的各类 HIIT 训练法目前非常流行。Tabata 训练法是由日本的田畑（姓氏"田畑"的英文为 Tabata）泉教授提出的，他在研究日本短道速滑奥运代表队训练方案的基础上，结合运动生理学原理，提出该训练法，并将其作为论文发表。该论文受到运动员和健身人士的广泛关注，Tabata 训练法成为流行至今的 HIIT 训练法。

1 极限间歇训练法

极限间歇训练法与田畑泉教授提出的 Tabata 训练法基本一致，要求训练者以 20 秒高强度运动、10 秒休息为 1 组，连续进行 8 组。高强度运动仅包含 1 个动作，但该动作必须是一项全身运动，如深蹲跳、高抬腿等，且要求训练者每次都以最高标准、竭尽全力地完成动作，从而使血乳酸浓度快速达到并超过乳酸阈。该训练法旨在激发训练者的最大潜能，使其无论是力量、速度还是爆发性，都达到自身极限，因此是所有训练法中最具挑战性的。

2 混合间歇训练法

混合间歇训练法属于 Tabata 训练法的变化形式，同样要求训练者以 20 秒运动、10 秒休息为 1 组，连续进行 8 组，但运动涉及的动作增加为 2~4 个。其中部分动作的运动强度会有所降低，所有动作在整体上保持高强度或中等强度。极限间歇训练法要求过高，更适用于专业运动员。采用混合间歇训练法时，训练者可以根据自己的能力来调整动作的运动强度，还能通过不同的动作来锻炼身体的特定部位，从而使得训练计划更具灵活性，也更符合个性化定制的要求。需要注意的是，最好将计划中的动作顺序写下来作为提示，避免在运动过程中忘记或做错某个动作，影响训练效果。

3 计时间歇训练法

计时间歇训练法也是 Tabata 训练法的变化形式，运动和休息的时间以及组数不变，运动涉及的动作增加到 4~8 个，整体运动强度降低为中等强度或低强度，使身体素质较差的人或刚刚开始健身的新手也能享受到 HIIT 的乐趣。此外，训练者从较为简单的方式入门还能避免过度运动带来的身体伤害。该训练法有时也作为专业运动员或健身爱好者的热身运动和放松运动。较为常见的热身运动组合是第 1~2 组进行低强度运动，第 3~4 组进行中等强度运动，第 5~8 组重复之前的运动，而放松运动组合则以第 1~8 组均进行静态拉伸为宜。

4 递增间歇训练法

递增间歇训练法同样是 Tabata 训练法的变化形式，与其他训练法不同的是，该训练法虽然也采用 2∶1 的时间比例，但具体的时间规划和运动强度都发生了变化。其采用了第 1 组为 40 秒运动、20 秒休息，第 2 组为 30 秒运动、15 秒休息，第 3 组为 20 秒运动、10 秒休息，第 4~6 组重复第 1~3 组的方式。运动强度也有相应的规定：第 1 组为低强度运动，如踏步；第 2 组为中等强度运动，如慢跑；第 3 组为高强度运动，如高抬腿；第 4~6 组重复第 1~3 组的内容。这种循序渐进的方式可以让训练者逐步适应运动强度的变化，并实现从有氧运动到无氧运动的过渡。

极限间歇训练法	混合间歇训练法
与 Tabata 训练法基本一致，对个人能力要求高，是最具挑战性的训练法，适用于专业运动员	是 Tabata 训练法的变化形式，部分动作的运动强度降低；训练者可根据自己的能力和锻炼部位来调整动作的运动强度，训练计划更具灵活性和个性

计时间歇训练法	递增间歇训练法
是 Tabata 训练法的变化形式，整体运动强度降低为中等强度或低强度，即使是新手也可完成，有时也作为热身运动和放松运动	是 Tabata 训练法的变化形式，但具体的时间规划和运动强度都发生了变化；循序渐进的方式能让训练者逐步适应运动强度的变化

训练期间的饮食建议

无论使用哪种训练方法，饮食都是非常重要的。训练期间追求的目标不同，相应搭配的饮食也不同，这里无法一一详述，只能根据多数人的情况给予以下几点建议。

1 食用富含蛋白质的食品

蛋白质是组成身体各组织的重要成分，富含蛋白质的饮食可以加快细胞再生速度、促进肌肉合成、增强饱腹感等，因此建议每餐都食用富含蛋白质的食品，如牛奶、鸡蛋、鸡胸肉、牛肉、鱼肉等。个人的蛋白质摄入量应达到中国营养学会推荐的标准，如成年男性每日摄入 65 克蛋白质，成年女性每日摄入 55 克蛋白质。训练时间，可以参考每千克体重摄入 1.4~2 克蛋白质的标准来计算每日所需摄入的总量。

蛋白质　　组成身体各组织的重要
　　　　　成分，每餐可食用。

2 理性对待碳水化合物和脂肪

我们的身体需要碳水化合物和脂肪来提供能量，长期减少二者的摄入量会让人代谢缓慢和体质虚弱，甚至出现严重的疾病。我们应合理、适量地摄取碳水化合物和脂肪。在安排了 HIIT 的当天，训练前 2 小时左右可食用一些消化起来较慢的富含碳水化合物的食物，如糙米、藜麦等，为之后的高强度训练储备能量；训练后也可以快速补充一些易吸收的碳水化合物，如液体状的补剂等，为肌肉的合成提供能量，但要控制摄入量。

碳水化合物　　合理、适量地摄取，为肌
和脂肪　　　　肉合成提供能量。

3 多吃蔬菜和水果

蔬菜和水果中含有大量的营养物质，包括各种维生素、矿物质、纤维素等，它们有助于人体各个器官正常、健康地运转。我们可以每餐都来一份淀粉含量较少的蔬菜，如西蓝花、芹菜、菠菜、黄瓜等，不但能够补充所需营养，还能减弱只进食少量碳水化合物和脂肪后产生的饥饿感，使身体在摄入能量不超标的情况下也能具有饱腹感。我们还可以在两餐之间享用热量较低的水果，如浆果类，从而避免饥饿引发的血糖含量过低或冲动型进食。

蔬菜和水果

含有大量的营养物质，可每餐都摄取或在两餐之间享用。

4 避免过量摄取糖分

过量摄取糖分是肥胖的根源，必须加以控制。虽然人人都知道要少吃糖果，但是很多人并不知道糖分几乎无处不在。无论是面包、果酱，还是饼干、酸奶，只要注意看一下商品的成分表，就会发现糖分的存在，不仅仅是白砂糖、冰糖、棒棒糖等名称含有"糖"字的商品中才有糖分。很多美味的食品往往高糖、高盐、高油，因为这样可以让食品的口感更好，殊不知这会给身体的消化系统、血液系统带来极大负担。

糖分

过量摄取糖分易导致肥胖，易加重身体负担，必须加以控制。

关于 HIIT 的争议

　　HIIT 多年入选美国运动医学会（ACSM）的全球健身趋势榜，这足以说明 HIIT 的训练效果广受认可，这一训练方式在全球范围内广为流行。但即便如此，关于 HIIT，仍存在一定的争议，主要集中在其安全性和适用范围上。很多人认为，HIIT 属于高强度运动，存在一定的门槛且安全风险较高，只适合具有一定运动基础的健康人群。然而，事实上，近年来很多针对慢性病人群和青少年群体等的 HIIT 研究，都证实了 HIIT 的安全性和更为广泛的适用性。一些研究结果显示，HIIT 的运动强度高，但运动时间短，训练者可在间歇休息期得到很好的恢复。因此，相较于运动时间较长的中等强度持续运动，HIIT 的安全性反而更好。

第 2 章

HIIT 前准备

身体评估

　　每一项训练计划开始前都要进行身体评估，以评估结果为依据确定运动强度、时间、动作等，否则便会出现耗费了时间训练却没有效果或因感觉到训练非常吃力而放弃甚至受伤的情况。因此，身体评估必不可少。除此之外，训练者每隔一段时间使用相同项目重复进行评估，并记录每一次的评估结果，便会从中看到自己的进步，这既便于调整训练计划，也能激励自己继续训练。

1　单项评估

　　单项评估可用于快速评估身体的基本素质。这里推荐简单方便的两个评估动作：跪姿俯卧撑和仰卧起坐。这两个动作都不需要任何器械辅助、无场地要求且能够帮助测试者了解自身的肌肉力量和耐力水平。

　　（1）跪姿俯卧撑

　　跪姿俯卧撑相对于俯卧撑难度有所降低，也更适合作为大部分人的评估动作，尤其适合健身新手。跪姿俯卧撑的动作要点为：身体呈俯卧姿势，双手和双膝接触地面并支撑身体，双脚向上抬起至膝关节屈曲 90 度，通过手臂的屈曲和伸展来完成俯卧撑动作，动作过程中保持头、颈、躯干和大腿呈一条直线。

级别	年龄		
	20~29 岁	30~39 岁	40~49 岁
低阶	小于 21 次	小于 17 次	小于 12 次
中阶	21~40 次	17~36 次	12~30 次
高阶	大于 40 次	大于 36 次	大于 30 次

　　● 这里以三个年龄段的测试者在一分钟内的不同表现为例来估算结果。

　　（2）仰卧起坐

　　仰卧起坐的动作要点为：身体呈仰卧姿势，膝关节屈曲 90 度，双脚着地且略微分开，双手扶于头部两侧，以腹部肌群的力量带动躯干向上、向下运动，躯干向上时肘部接触膝盖，向下时头部和肩部接触地面。

级别	年龄		
	20~29 岁	30~39 岁	40~49 岁
低阶	小于 31 次	小于 25 次	小于 20 次
中阶	31~46 次	25~40 次	20~35 次
高阶	大于 46 次	大于 40 次	大于 35 次

◉ 这里以三个年龄段的测试者在一分钟内的不同表现为例来估算结果。

2 完整评估

完整评估虽然用时较长，但能够更为准确地检测出训练者目前的运动水平。其通过不同强度的 HIIT 来直观地显示训练者所能适应的强度，有助于训练者更为精准地制订计划。注意，即便只是评估，开始前的热身运动和结束后的放松运动也是不可缺少的。

（1）混合 HIIT

混合 HIIT 属于中等强度，如果测试者无法完成该评估，则建议其从提升基础体能的运动开始，之后再尝试 HIIT；如果测试者完成该评估后气喘吁吁，则其可以从这一强度开始训练；如果测试者完成该评估后呼吸只是略微加快，则其可以进行极限 HIIT 评估。

运动安排	时间	内容
热身运动	4 分钟	
混合 HIIT	4 分钟	深蹲 20 秒、休息 10 秒；交替后弓步 - 对角线 20 秒、休息 10 秒；臀桥 20 秒、休息 10 秒；仰卧膝碰肘 20 秒、休息 10 秒；深蹲 20 秒、休息 10 秒；交替后弓步 - 对角线 20 秒、休息 10 秒；臀桥 20 秒、休息 10 秒；仰卧膝碰肘 20 秒、休息 10 秒
放松运动	3 分钟	

深蹲（见图 2.1）：身体呈站姿，双脚分开，大于肩宽；双臂伸直，向前抬起至与地面平行，指尖向前，下蹲至大腿与地面平行，膝关节与脚尖方向一致，而后恢复起始姿势。

交替后弓步 - 对角线（见图 2.2）：身体呈站姿，双脚分开，与肩同宽；一侧腿向对侧后方跨出，同时下蹲至前侧大腿与地面平行，后侧膝几乎与地面相触，双臂屈肘于胸前，双手微握并靠近，而后恢复起始姿势，换对侧重复。

臀桥（见图 2.3）：身体呈仰卧姿势，膝关节屈曲约 45 度，双脚着地且分开，双臂自然放于体侧，双手掌心朝下；向上抬起髋部至躯干和大腿呈一条直线，而后恢复起始姿势。

仰卧膝碰肘（见图 2.4）：身体呈仰卧姿势，双臂和双腿伸直，双手越过头顶，身体呈一条直线；上背部与双腿抬离垫面，双臂屈肘，双手扶于耳侧，转体，一侧膝盖触碰对侧手肘，伸直腿悬空，而后换对侧重复。

图 2.1　深蹲

图 2.2　交替后弓步 - 对角线

图 2.3　臀桥

图 2.4　仰卧膝碰肘

（2）极限 HIIT

极限 HIIT 属于极高强度，如果测试者非常适应混合 HIIT 便可以进行该评估，以确定自己的 HIIT 计划。如果测试者无法完成该评估，则建议先进行混合 HIIT，之后再尝试极限 HIIT；如果测试者完成该评估后大汗淋漓但休息后可以恢复，则其能够从这一强度开始训练；如果测试者完成该评估后感觉仍能进行其他训练，则其可以在计划中增加 HIIT 的时长或增加其他非 HIIT 项目。

运动安排	时间	内容
热身运动	4 分钟	
极限 HIIT	4 分钟	波比跳 20 秒、休息 10 秒为 1 组，重复 8 组
放松运动	3 分钟	

波比跳（见图 2.5）：身体呈站姿；双腿屈膝，俯身下蹲，双手贴垫面；双脚向后跳至双腿伸直，脚尖点垫面，双臂屈肘，身体下降；双臂伸直，撑起身体，双脚向前跳，然后起身并向上跳跃，双手伸直举过头顶，身体呈一条直线。落地时，恢复起始姿势。

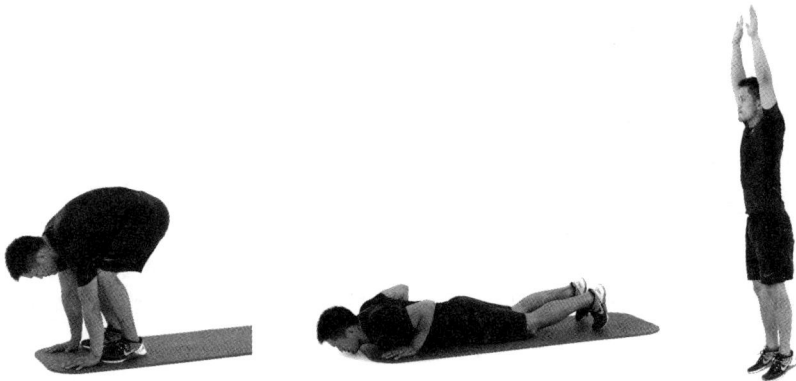

图 2.5　波比跳

设定目标

运动是需要意志力的，毫无意志力的训练者很难坚持运动。完成一个又一个目标的成就感能让人充满动力，继续为下一个目标而努力。因此设定合适的目标非常重要。

1　设定可量化的目标

每个人开始运动的目的都是不同的，肥胖的人想要减脂，瘦弱的人想要增肌，对身材不满意的人想要塑形，感觉身体僵硬的人想要增加灵活性，整日腰酸背痛的人想要拉伸，走几步就气喘吁吁的人想要加强心肺功能……上述目的可以作为你努力的方向，却不适合作为你训练的目标，因为它们非常笼统，达成标准不够明晰。应根据运动目的设定可量化的目标，例如，当你的运动目的是塑形时，可以将目标设定为在一个时间范围内将目标部位的围度减少 2 厘米，这样便于在一段时间的训练后，非常直观地衡量训练效果。

2　设定切合实际的目标

　　1 周减重 10 千克，3 天将体脂率降低 15%，5 天将大腿围减少 5 厘米……通常来说，这些都是不切实际的目标，只会让你日复一日地陷入无法实现目标的沮丧之中，丧失运动的动力。应根据自己的实际情况，结合科学的运动指南，来设定切合实际的目标，这样才能发挥目标的引领和激励作用。

3　设定阶段性目标

　　应将一个大目标分为若干个阶段性的小目标，从而缩短目标完成时间，降低目标难度，这样做的好处是，能让训练计划更具针对性，让训练者更容易完成目标，从而获得更多的成就感和坚持下去的动力。例如，大目标是半年减重 12 千克，这看起来不是一件容易的事情，但将其细分为每个月减重 2 千克，甚至是每周减重 0.5 千克，就会让人建立起达成目标的自信，也更加明确短时间内的训练重点。

4　及时调整目标

　　即便设定好了一个个小目标和终极大目标，在实现目标的过程中也会充满各种变化，需要根据实际情况，及时地对目标进行调整。例如，当因生病、工作繁忙等现实情况而无法完成训练计划时，强迫自己运动反而适得其反，这时应对阶段性小目标及相应的训练计划进行调整，以适应当下的变化；当训练一段时间后，你可能会发现之前设定的阶段性小目标难度过高或过低，这时也应对其进行调整，否则很难在计划时间内达成大目标。

准备装备

　　本书列出的训练都不需要器械，因此训练者不需要额外购买任何器械，只需要准备合适的运动服、运动鞋和其他配件。

1 运动服的选择

运动服的种类繁多，但基本上都采用速干面料，具有透气吸汗、柔软、弹性大等特点。训练者要选择合身的运动服而非过于紧身或过于宽松的运动服。

需要特别注意的是，女性运动时一定要穿合格的运动文胸。运动文胸不但能够固定胸部，减小运动时胸部的抖动幅度，还能够保护胸部，防止胸部韧带撕裂。除了柔软舒适和透气吸汗，合格的运动文胸还具有支撑防震和稳定塑形的设计。

2 运动鞋的选择

运动鞋并非越贵越好，最重要的是穿着舒适。注意：人活动了一天之后，双脚会略微变大，此时是去商店里试穿运动鞋的最佳时机。试鞋时，记得穿相应的运动袜，因为专业运动袜的包裹性和弹性与普通袜子略有不同。在试鞋时尽量模拟运动时的状态才能选到合适的运动鞋。切忌光脚试穿。

首先，务必同时试穿两只鞋。由于人的两只脚的大小会有细微差异，虽然肉眼很难分辨，但在穿上同样大小的鞋子时便会有所感知，所以务必同时试穿两只鞋，不要嫌麻烦而只试穿一只鞋后便轻易下决定。其次，试穿时如果感觉不舒服，就不必考虑购买这双鞋了，而且试穿时一定要来回走上几步以感受运动状态下鞋子的舒适度。最后，无论质量多么好的鞋子，穿的时间长了也会有磨损，更何况是在高强度运动的情况下，此时即使它的外观看起来良好，内部的支撑和缓冲结构也已经变形了。因此，为了更好地保护脚部，应定期更换运动鞋。

另外，具有扁平足或弓形足的人宜选择特殊的、专业的运动鞋或运动鞋垫，以更好地保护脚部。

3 其他配件的选择

健身垫或瑜伽垫：在家中运动时可以选择不穿运动鞋而使用健身垫或瑜伽垫；它们都具有一定厚度和缓冲性，能够代替运动鞋，保护踝关节和身体其他部位。

计时器：计时器主要帮助训练者控制时间，严格控制运动和休息时间是训练取得显著效果的保障之一；训练者也可以使用手机、手表、手环等有计时功能的设备。

心率带或运动手环：心率带或运动手环用于测量心率值，可以帮助训练者更好地了解自己的运动强度，决定 HIIT 中运动和休息的时间等；通常，测量心率是心率带的主要功能，是运动手环的辅助功能，心率带测得的心率更精准，训练者可以根据自己的需要进行选购。

皮尺：皮尺用于测量身体各部分的数据，包括臂围、胸围、腰围、臀围、大腿围、小腿围等；利用皮尺阶段性地记录数据可以很好地反映出某一阶段的运动成果。

学习动作

　　HIIT 的训练内容主要就是各种动作，包括全身性的动作、针对上半身或下半身的动作，以及热身和放松运动中活动身体局部的动作等。每个动作都有相应的标准，比如身体姿势、肢体抬起的高度、关节屈曲的角度等，做动作时达不到标准则无法获得理想的训练效果，还可能造成运动损伤，所以对动作的学习是开始训练时必不可少的内容。该部分内容主要针对入门和进阶的训练者，已经将熟练掌握各种动作的高阶训练者则可以略过。

1 入门训练者：掌握基本动作的要领

　　对于入门训练者来说，不必一开始就追求名字陌生、过程复杂、不易掌握的动作，应先从基本动作开始学。哪怕你只会两三个动作，只要做得标准，完成 HIIT 也是没问题的。例如，锻炼全身的波比跳、锻炼下半身的深蹲、锻炼上半身的俯卧撑、锻炼核心的平板支撑，都是训练常用的动作，只需要单独或组合运用这些动作，便能完成一整套 HIIT，甚至完成一个阶段性计划，前提是动作要做得标准。例如深蹲，基本要求是下蹲至大腿与地面平行且膝关节与脚尖方向一致（见图 2.6），更细致的要求还有双脚间距要与肩同宽或略宽于肩、背部要保持挺直等。只有将这些要求都做到位，才能保证下半身的肌肉得到锻炼并尽可能多地消耗能量，否则只会浪费时间和体力，甚至还会因为动作不标准产生不必要的运动损伤。

图 2.6　深蹲

2 进阶训练者：变式动作的运用

经过一段时间训练之后你会发现，有些动作会成为锻炼某些部位的基本动作，如针对胸部的俯卧撑、针对臀部的臀桥、针对腹部的卷腹等，时间长了难免会让人感到厌倦和乏味。如何能在保证训练效果的基础上增加趣味性和新鲜感呢？因为此时训练者已经对基本动作十分熟悉了，所以训练者完全可以由基本动作扩展出更多的变式动作来丰富自己的动作库。

以俯卧撑为例，基本的俯卧撑如图 2.7 所示，身体呈俯卧姿势，双手与脚尖接触垫面，双手间距略大于肩宽，双脚靠近；双肘屈曲至上臂与地面平行，而后恢复起始姿势；动作过程中始终保持头、颈、躯干和腿部呈一条直线。

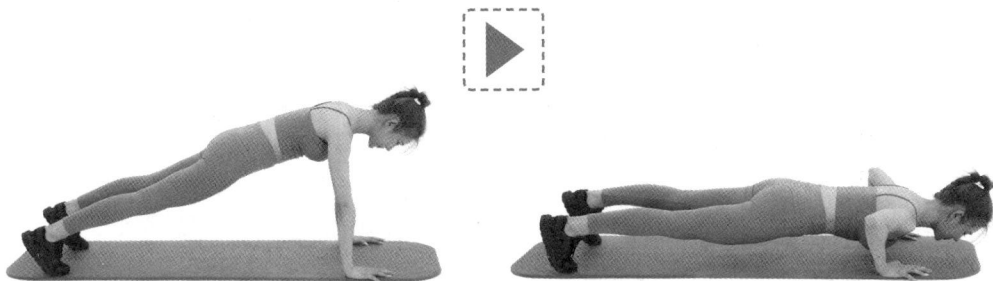

图 2.7　俯卧撑

训练者熟练之后便可以对俯卧撑进行扩展。单臂俯卧撑如图 2.8 所示，训练者需将一只手置于背部。该变式加大了对核心的训练力度。

图 2.8　单臂俯卧撑

上斜俯卧撑如图 2.9 所示，训练者需将双手放在具有一定高度的物体之上。该变式降低了动作的难度，支撑物越高，动作难度越低。

图 2.9　上斜俯卧撑

下斜俯卧撑如图 2.10 所示，训练者需将双脚放在具有一定高度的物体之上。该变式提高了动作的难度，支撑物越高，动作难度越高。

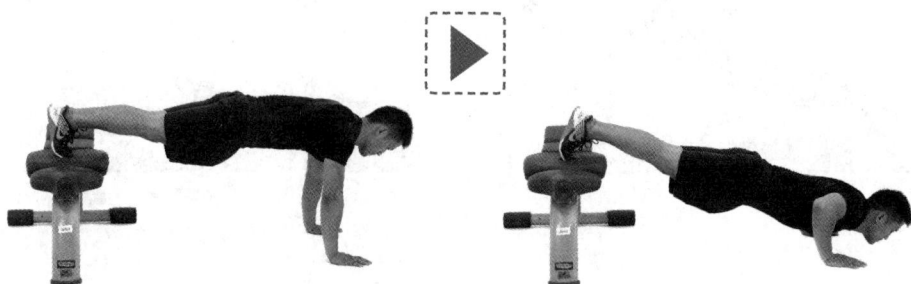

图 2.10　下斜俯卧撑

宽距俯卧撑如图 2.11 所示，训练者需将双手间距扩大为约两倍肩宽。该变式加大了对胸部和肩部的训练力度。

图 2.11　宽距俯卧撑

窄距俯卧撑如图 2.12 所示，训练者双手间距等于或略小于肩宽。该变式加大了对上臂的训练力度。

图 2.12　窄距俯卧撑

除了上述几种变式之外，还有跪姿俯卧撑、交错俯卧撑、离地式俯卧撑、拳式俯卧撑、蜘蛛侠式俯卧撑等，你甚至还能在此基础上创造出更多不同的、更加适合自己的变式，但无论是哪种变式，都要遵循基本动作的标准，切记使用它们是为了让你的训练更有成效，而非为了让你偷懒。

牢记重要原则

在 HIIT 中，有一些原则必须谨记。这些原则或是保障训练者人身安全的条件，或是保证训练顺利进行的要素。

1　要追求完成质量，而不要过于追求次数

对于 HIIT 来说，质量和次数并不是互补的关系，既不能因为训练质量很高而减少训练次数，也不能每次训练都马马虎虎完成，却寄希望于通过增加训练次数来弥补。所谓完成质量一般指两个方面：一是每个动作都要做得标准，如俯卧撑要求头、颈、躯干、腿部始终保持在一条直线上，膝关节、髋关节都不屈曲，也不能通过躯干或腿部着地来节省体力；二是每个动作都要用尽全力，如深蹲跳要求完全蹲下和完全跳起，在半蹲和身体未完全伸展的情况下跳至最高的动作是不符合要求的。在质量有所保证的基础上，随意增减训练次数也会影响训练效果，减少训练次数会导致运动量不足，训练次数过多会导致过度训练。

2 要达到一定的心率，但不要过于劳累

前面已经讲过，进行高强度运动时心率最好达到最大心率的 86%~95%，间歇休息时心率最好恢复到最大心率的 65% 以下，如此循环往复，才能真正将高强度运动和间歇休息两方面有机结合起来。无论是心率过高导致身体受损，还是心率过低导致运动量不足，都不是我们想要的结果。在现实情况中有人用力过猛，一味追求高强度的运动效果，要么心率突破最大心率的 95%，使得血液中乳酸浓度持续上升，最终身体无法承受而发生危险；要么忽视间歇休息，心率尚未恢复便强行进行下一组，使得动作不够标准或无法施展全力，这些都是不可取的。

3 要遵守计划，但不要在身体不适时逞强

首先要保证训练计划建立在适合且科学的基础之上，其次要允许在实施计划的过程中有一定的变数和调整。虽然严格按照计划执行能够更为有效地实现目标，但请时刻牢记计划是指导和参考，并不是铁律。每个人都是复杂的，其社会性、生理性和心理性都决定了其无法像一台精密仪器一般时刻都按照计划运行，不好拒绝的应酬、心血来潮的放纵和突如其来的疾病都会干扰训练计划，只要这些变量的发生不会成为常态，就不需要太过于担心。当身体不舒服时不要逞强，任何加重身体负担的行为都可能会让情况恶化，此时要做的就是适当休息、遵照医嘱、配合治疗。

4 要鼓励自己，而不要强迫自己

运动本身就是一件十分辛苦的事情，HIIT 虽然用时短、训练频率低，但训练者仍然需要极强的意志力才能坚持下去，其间训练者可能会出现想要放弃的念头。此时有人会用尽一切方式强迫自己去执行计划，问题是，这种强迫的效果无法长久维持。那么，如何对抗想要放弃的念头呢？与其强迫自己，不如回想以往训练的成果，想象继续执行计划后会实现的目标，从而鼓励自己坚持下去。从内心改变想法才能让自己具有更强的行动力。

第 3 章

热身运动

原地慢跑

训练部位 臀部、大腿、小腿

动作难度

初级 □ □

主要肌肉 臀大肌、股四头肌、
腘绳肌、小腿肌群

动作步骤

01
直立，双脚分开，与肩同宽，
收紧下颌，目视前方，背部挺直，
双臂自然垂落于大腿两侧。

02
抬起一侧腿，屈髋屈膝，脚位
于另一侧脚踝高度，此时另一
侧腿膝关节微屈，脚跟踮起。
抬起腿的同侧手臂屈曲并后摆，
另一侧手臂屈曲并向前。保持
全身稳定。

03
抬起腿落至原地。换对侧重复。
两侧交替进行，完成规定时间。

要点提示

· 全程核心收紧，背部挺直，保持均匀呼吸。

放松跳

训练部位	臀部、大腿、小腿

动作难度

初级 □ □

主要肌肉	臀大肌、股四头肌、腘绳肌、小腿肌群

动作步骤

01

直立，双脚分开，与肩同宽，收紧下颌，目视前方，背部挺直，双臂自然垂落于大腿两侧。

02

双脚蹬地发力，向上轻跳，身体转向一侧，髋关节带动双腿和脚尖同时转动，同侧手臂屈肘并向前摆动，另一侧手臂屈肘并向后摆动。

03

落至原地，双脚再次蹬地发力，向上轻跳，身体快速转向另一侧，髋关节带动双腿和脚尖同时转动，双臂交换位置。重复向上跳起并转向一侧的动作，完成规定次数或时间。

要点提示

· 躯干和下肢转动方向一致，四肢动作协调。

· 双腿轻轻落地后快速起跳，动作连贯。

· 全程核心收紧，背部挺直，保持均匀呼吸。

四肢行走

训练部位	全身

动作难度

初级 ▢ ▢

主要肌肉	全身肌群

动作步骤

01

直立，双脚分开，与肩同宽，收紧下颌，目视前方，背部挺直。俯身，屈曲髋关节，双手贴地并撑在双脚前方。

02

收紧腹部，双手交替向前爬行至头、肩、臀呈一条直线。双脚朝双手方向交替爬行，最后回到起始姿势。重复上述步骤，完成规定次数或时间。

要点提示

· 爬行过程中，双臂和双腿尽量伸直。

· 全程核心收紧，背部挺直，保持均匀呼吸。

全身舒展

训练部位	全身

动作难度

初级 □ □

主要肌肉	全身肌群

动作步骤

01

直立，双脚分开，间距略大于肩宽，收紧下颌，目视前方，背部挺直，双臂自然垂落于大腿两侧。

02

俯身，屈曲髋关节，核心收紧，背部挺直，双手五指打开，自然下垂，并于胸前交叉。

03

起身直立，同时双手向两侧打开并上移至在头顶做交叉动作。重复步骤 02 和步骤 03，完成规定次数或时间。

要点提示

· 手臂画圆和髋关节屈伸的动作节奏保持一致。

· 俯身时，背部保持挺直，双腿尽量伸直。

· 全程保持均匀呼吸。

手臂绕环

训练部位	肩部、手臂

动作难度

初级 ☐ ☐

主要肌肉	肩部肌群、小臂肌群

动作步骤

01

直立，双脚分开，与肩同宽，收紧下颌，目视前方，抬头挺胸。然后双臂屈肘抬至前臂与地面平行，手背相贴，指尖向下。

02

手背随手腕向上外旋，同时双臂由内往外旋，双臂伸直，双手掌心向上，小指靠近。掌心随手腕向下内旋，同时双臂屈肘由外向内翻转回胸前，回到步骤 01 中的手背相贴姿势。重复上述步骤，完成规定次数或时间。

要点提示

· 肩关节和腕关节有控制地灵活转动。

· 全程核心收紧，背部挺直，保持均匀呼吸。

肩部绕环

训练部位　肩部

主要肌肉　肩部肌群

动作难度

初级

动作步骤

01

直立，双脚分开，与肩同宽，收紧下颌，目视前方，屈曲双臂，双手向上至手指轻触双肩，肘关节自然向下。

02

划动双臂，肘关节由后往前、由下往上转动，双臂随肩关节打开做画圆动作。重复上述步骤，完成规定次数或时间。

要点提示

· 肩关节有控制地灵活转动。

· 全程核心收紧，背部挺直，保持均匀呼吸。

眼镜蛇式

训练部位	手臂、胸部

动作难度

初级 □ □

主要肌肉	肱三头肌、胸大肌

动作步骤

01

面部向下，俯卧于垫面，收紧下颌，头、肩、臀呈一条直线，双腿伸直，双脚并拢，双臂屈肘于体侧，双手靠近胸部，手掌撑垫。

▼

02

收紧腹部，双手发力，伸直双臂，缓慢推动躯干、大腿离开垫面，至掌心与膝盖撑于垫面，然后逐渐屈肘至胸部贴至垫面，最后恢复步骤01中的姿势。重复上述步骤，完成规定次数或时间。

要点提示

· 躯干和大腿抬起的过程中，核心收紧，不要塌腰。

· 躯干和大腿抬起时呼气，下降时吸气。

扩胸运动

训练部位	胸部

动作难度

初级 ▢ ▢

主要肌肉	胸大肌

动作步骤

01

直立，双脚分开，与肩同宽，收紧下颌，目视前方，背部挺直，双臂自然垂落于大腿两侧。

02

双手握拳，双臂屈肘 90 度，上抬至与地面接近平行，肩关节及肘关节平行向后外展一次。

03

双臂向两侧伸直，然后双臂整体向后伸展一次。重复屈臂和直臂扩胸动作，完成规定次数或时间。

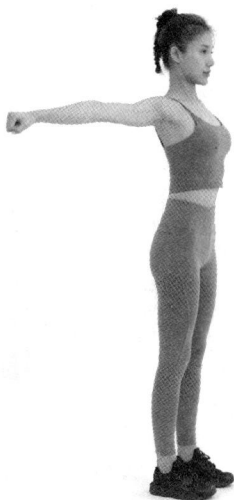

要点提示

· 双臂保持放松，动作不要过快。

· 全程核心收紧，背部挺直，保持均匀呼吸。

髋部绕环

训练部位	髋部、背部、大腿

动作难度

	中级	

主要肌肉	腹部肌群、背部肌群、腘绳肌

动作步骤

01 直立，双脚分开，间距略大于肩宽，收紧下颌，目视前方，背部挺直，收紧腹部，双臂伸直，双手举过头顶。

02 髋关节屈曲并顺时针环转，直至回到起始姿势。重复上述步骤，完成规定的次数或时间。

要点提示

· 俯身时，背部保持挺直，双腿尽量伸直。

· 全程手臂伸直，保持均匀呼吸。

膝部屈伸

训练部位　大腿、小腿

主要肌肉　股四头肌、腘绳肌、腓肠肌

动作难度

初级 ☐ ☐

动作步骤

01 直立，双脚分开，间距小于肩宽，背部挺直，双臂伸直，面部向下，俯身，屈曲髋关节，双手碰触膝盖。

02 双腿稳定支撑于地面，缓慢屈膝至半蹲状，大腿与小腿接近垂直，双臂屈肘，然后恢复步骤 01 中的姿势。重复上述步骤，完成规定次数或时间。

要点提示

· 膝关节屈伸的速度不要过快，完全伸展时不要锁死。

· 全程核心收紧，背部挺直，保持均匀呼吸。

脚踝绕环

训练部位　小腿

动作难度

初级 □ □

主要肌肉　胫骨前肌、腓肠肌

动作步骤

01

直立，双脚稍稍分开，收紧下颌，目视前方，背部挺直。

02

抬起一侧腿，放松伸直，脚尖朝前，另一侧腿支撑身体，保持身体平衡。转动抬起脚的踝关节，即抬起的脚先向外、再向内旋转。完成规定次数或时间，换对侧重复。

要点提示

- 踝关节有控制地灵活转动。
- 全程核心收紧，背部挺直，身体保持稳定，均匀呼吸。

第 4 章

跑步运动

毋庸置疑，跑步是一项风靡全球的运动。在清晨和傍晚总是能在公园、林荫道等地看到许多人在进行跑步运动，他们或悠闲舒适地慢跑，或斗志昂扬地快跑。这让人无法忽视跑步在健身项目中的重要地位。

选择跑步运动的理由

无论是否学习或接触过运动科学，人们几乎一致认同跑步运动的优势。确实，跑步运动可以让身体更加健康，能让血液循环系统、呼吸系统、消化系统、免疫系统等各系统的功能相应提升；可以帮助人们控制体重、减少脂肪、塑造体形，加快新陈代谢；还可以缓解人们的心理压力。跑步时肾上腺素和内啡肽的分泌能够调节情绪和减轻疼痛，而且跑步也会让人更加自信且富有活力。

我们通常认为跑步运动是一项有氧运动，似乎与本书所讲的 HIIT（无氧运动）无关。其实不然，当跑步运动使心率上升至最大心率的 86%~95% 时，也可以实现无氧代谢，如冲刺跑。将心率维持在最大心率的 60%~70% 的跑步属于慢跑，慢跑时，我们的身体会发热，但仍然保持舒适状态，甚至能够轻松地说话聊天，如此长时间跑下去便能消耗脂肪，起到减肥的效果；将心率维持在最大心率的 70%~80% 的跑步属于快跑，快跑时，我们的身体开始出汗，呼吸也变得急促，这一模式通常用于训练耐力和提升体能，许多以参加马拉松比赛为目标的跑步者会选择这一模式。

由此可见，跑步运动与 HIIT 并不冲突，只要运用合理的方式便能将二者结合起来，完成以跑步为手段的 HIIT。这也满足了广大跑步爱好者想要尝试 HIIT 的心愿。需要注意的是，跑步中体内无氧代谢供能多于有氧代谢时，身体便主要进行无氧运动，达到了 HIIT 的要求，但这一状态无法持久。根据身体素质的不同，这一状态一般会持续 5~60 秒，这也意味着不可能跑出很远的距离。因此，HIIT 式的跑步运动更适合既喜欢跑步又没有大量时间进行中等强度慢跑或快跑的人群；而对于想要享受长时间跑步的运动者来说，最好将 HIIT 式的跑步安排在单独的一天进行，不要在同一天内进行长时间有氧跑和短时间无氧跑，否则可能对身体产生一定的损伤。

跑步运动的注意事项

虽然跑步运动看似十分简单，只需要穿上跑鞋出门，随意寻找一条线路便可以开始，但仍有一些问题值得注意。

1 场地的选择

虽然在街道、公园、郊外等地方都可以进行跑步运动，但略为柔软的地面是更好的选择，因为柔软的地面具有一定的缓冲性，能够吸收部分冲击力，减少骨骼、关节所受到的硬性冲撞。因此，建议在专业的橡胶跑道或较为柔软的草地、土地上进行跑步运动，但要注意，最好不要在不熟悉的野外草地进行跑步运动，因为视线被野草遮挡，可能无法看到其中隐藏的坑洞、石头或其他异物，有发生危险的可能。

2 装备的选择

前面已经讲过运动时需要的装备，这里针对跑步运动的装备进行额外的说明。首先是跑鞋，跑步时，足部要承受较大的压力，且跑得越快，压力越大，所以跑鞋必须具有良好的缓冲和支撑功能。为了更好地保护身体，请不要用皮鞋、板鞋和适用于其他运动的篮球鞋、足球鞋等代替跑鞋。其次，跑步运动往往在户外进行，当天气寒冷时，在运动服外穿一件保暖的防风外套是更好的选择，千万不要认为跑起来身体就热了，只穿薄运动服就可以了，这样会导致热量快速流失，造成很严重的后果；更为寒冷时，戴帽子和手套也是有必要的。最后，对于膝关节和踝关节本身就有损伤或过于肥胖的人群来说，选择专业的运动护膝和运动袜也是十分有必要的。

3 合适的强度

每个人的体质决定了其能够跑多快、跑多远。跑步时，要注意心率或身体感觉。当达到慢跑、快跑、无氧对应的区间后便保持当下的跑步速度。当身体无法承受当下的强度或已经实现计划目标时应停止跑步。相比于偶尔用力过猛的跑步，坚持合理的跑步频率更为科学。

与 HIIT 类似，在开始跑步运动前同样需要进行体能测试。应在专业教练的指导下跑步，或根据身体的感觉，循序渐进地开始跑步。即便你在其他运动项目上非常得心应手，也不应没有任何计划便进行跑步运动，否则在刚开始运动时很容易产生损伤。根据身体状态制订科学的跑步计划，慢慢增加跑步强度和距离，才能够减少对身体的伤害，并将各种风险降至最低。

4 其他的事项

（1）热身和放松

前面介绍的热身运动和放松运动同样适用于跑步运动，但针对跑步运动还有更为简便也符合大众期望的热身和放松方式，那便是快走或慢跑。对于进行慢跑的人群来说，可在运动前后各进行五分钟的快走；对于进行快跑的人群来说，可在运动前后各进行五分钟的慢跑。需要注意的是，不要在跑步前进行过度的拉伸，因为此时身体血液流速较慢，肌肉并未被激活，过度的拉伸并不会使原本僵硬的身体灵活起来，反而会导致肌肉拉伤甚至断裂。跑步后再进行拉伸则可使肌肉从锻炼时的紧张状态恢复，同时可增强关节的灵活性和身体的柔韧性。

（2）天气情况

在炎热的夏天，可以选择早晨或夜晚跑步，无法避免太阳照射时最好涂抹防晒霜和戴上遮阳帽，补充更多的水分，放慢脚步和缩短路程，以防止中暑。在寒冷的冬天，注意避开雪地和冰面，穿戴足够的保暖装备，避免停下脚步，即便在无法马上通行的路段也要保持原地跑。遇上刮风的天气，可以降低跑速并略微低头以保护面部，通过身体轻度前倾并加大摆臂力度和幅度来对抗风带来的阻力。遇上下雨的天气，需要加一件轻便的防雨外套，注意路面情况，当心因为湿滑而摔倒。当然，风雨较大的时候最好避免在户外跑步。遇上大雾天气，能见度太低，不建议进行户外跑步，因为此时即便身着反光衣也很危险，被人、车撞到的概率很大，自己也容易不小心撞到其他人或柱子等障碍物或从台阶上跌落。

（3）确保人身安全

随身携带手机和身份证，前者可用于在必要时进行求助或报警，后者帮助其他人在极端情况下辨别你的身份。不要佩戴珠宝首饰、具有尖锐边缘或其他容易掉落的会影响跑步的东西，这些东西丢失或划伤自己都是我们不愿看到的情况。注意周围环境，避免去车流过多、人员复杂的区域，在人烟稀少、冷清寂静的街道要保持警惕，观察是否有人尾随或故意接近。夜晚跑步时要穿带有反光条的衣服或在衣服上贴反光胶带。在环境嘈杂的地方最好不要戴耳机，以便能够更灵敏地应对突发状况。

（4）避免疲劳过度

很多人在跑步后发生疲劳过度时，会觉得这是正常的运动反应，只要坚持运动就能克服，最后发现不但疲劳的感觉难以消除，而且正常的生活和工作会受到影响，因此要时刻警惕疲劳过度的现象。一般来说出现以下症状中的两个或两个以上便有可能是疲劳过度：①关节和肌肉非常疼痛，用任何办法都不能缓解；②身体出现轻微脱水症状，一直感到口渴；③运动后身体十分困乏但难以入睡，产生失眠现象；④运动后休息了一整晚，第二天仍然感到疲倦乏力，甚至无法从昏睡中醒来；⑤如同患上感冒一般，会觉得冷且不停地流鼻涕。对付疲劳过度的方法就是让身体彻底休息，等到体力完全恢复后再进行跑步运动，休息期间如果想要运动也只能慢走。

HIIT 跑步法

1 70% 速度跑

　　70% 速度跑是从日常的慢跑或快跑过渡到 HIIT 式跑步的必经之路。对于热衷于长跑的人群来说，身体已经适应了通过长时间的有氧运动来消耗能量的模式，如果贸然进行无氧运动，对心肺系统和血液循环系统都会产生极大的负担，因此建议从中等强度的 HIIT 式跑步开始进行。

　　所谓 70% 速度跑，是指以全速跑速度的 70% 来进行跑步运动，因此提前测量全速跑速度是十分有必要的。通过用尽全力冲刺 20~30 米便可测出全速跑速度。

　　相应的 HIIT 式跑步方案为：70% 速度跑 20 秒、慢走 10 秒为一组，重复 8 组。

HIIT 式跑步方案

$$\boxed{\text{70\% 速度跑 20 秒}} + \boxed{\text{慢走 10 秒}} \times \boxed{\text{8 组}}$$

2 85% 速度跑

　　当适应了 70% 速度跑之后，便可以将速度提高至全速跑速度的 85%，该速度足以使身体快速进入无氧运动状态。

　　相应的 HIIT 式跑步方案为：85% 速度跑 20 秒、慢走 10 秒为一组，重复 8 组。

HIIT 式跑步方案

$$\boxed{\text{85\% 速度跑 20 秒}} + \boxed{\text{慢走 10 秒}} \times \boxed{\text{8 组}}$$

　　不必担心训练强度不够，当开始奔跑时，双腿会承受较大的负荷，跑动过程中腿部肌群的运动、呼吸系统的自我调节都会消耗大量的热量。若训练过程中急于求成，略过 70% 速度跑，直接进行 85% 速度跑，这样很容易拉伤跟腱、腘绳肌、腓肠肌等，甚至对心肺功能产生负面影响。

第 5 章

上半身训练

上半身训练

俯卧撑

| 训练部位 | 胸部、肩部、手臂 |

| 主要肌肉 | 胸大肌、三角肌前束、肱三头肌 |

动作难度

| | 中级 | |

动作步骤

01

面部向下，伸直四肢，以双手、双脚脚尖为四个支撑点撑于垫面，头、肩、臀、腿呈一条直线，双臂与垫面垂直，双手间距略大于肩宽，指尖向前。

02

保持核心收紧，身体成直线，缓慢屈肘放低身体，至胸部几乎触及垫面。随后伸直双臂，用力撑起身体，恢复步骤 01 中的姿势。重复上述步骤，完成规定次数。

要点提示

· 全程核心收紧，不要塌腰，身体呈一条直线。

· 身体处于最低位置时，上臂与躯干的距离不能太远。

· 双臂屈曲时吸气，伸直时呼气。

动作变式

01 跪姿俯卧撑

动作难度

初级		

动作变化

- 以双手、双膝为支撑点撑于垫面，屈膝。
- 小腿上抬，双脚交叉。
- 头、躯干、大腿呈一条直线。

02 交错俯卧撑

动作难度

		高级

动作变化

- 双手一前一后撑于垫面。
- 双臂一前一后屈肘，放低身体至胸部贴近垫面。

03　上斜俯卧撑

动作难度

初级		

动作变化

- 双臂伸直，双手撑于长凳凳面，间距与肩等宽，脚尖点地。
- 屈肘放低身体至胸部贴近长凳。

04　下斜俯卧撑

动作难度

	中级	

动作变化

- 面部向下，双手撑地，脚尖撑于长凳凳面，身体呈一条直线。
- 核心收紧，屈肘俯身至胸部贴近地面。

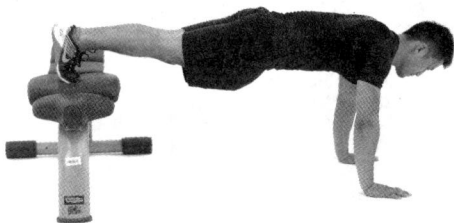

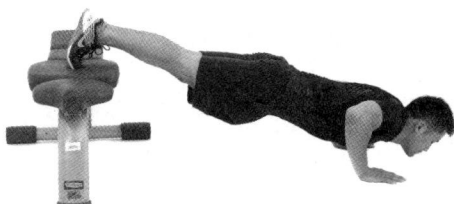

05 宽距俯卧撑

动作难度

	中级	

动作变化

- 双手间距约为两倍肩宽。
- 屈肘放低身体至胸部贴近垫面。

06 窄距俯卧撑

动作难度

	中级	

动作变化

- 双手间距等于或略小于肩宽。
- 屈肘放低身体至胸部贴近垫面。

钻石俯卧撑

训练部位	胸部、肩部、手臂

动作难度

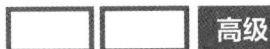

高级

主要肌肉	胸大肌、三角肌 前束、肱三头肌

动作步骤

01

面部向下，双手撑于垫面，双手的拇指和指指尖贴近，组成近似钻石的图案；脚尖撑于垫面，头、肩、臀、腿呈一条直线。

▼

02

保持核心收紧，身体呈一条直线，缓慢屈肘放低身体，直至肩关节与肘关节在同一水平面，注意上臂靠近身体两侧。随后伸直双臂，用力撑起身体，恢复步骤 01 中的姿势。重复上述步骤，完成规定次数。

要点提示

· 全程核心收紧，不要塌腰，身体呈一条直线。

· 身体处于最低位置时，上臂与躯干的距离不能太远。

· 双臂屈曲时吸气，伸直时呼气。

收腿俯卧撑

训练部位　胸部、肩部、手臂、核心

主要肌肉　胸大肌、三角肌前束、
肱三头肌、核心肌群

动作难度

	中级	

动作步骤

01

面部向下，伸直四肢，以双手、双脚脚
尖为四个支撑点撑于垫面，头、肩、臀、
腿呈一条直线，双臂与垫面垂直，双手
间距略大于肩宽，指尖向前。

02

保持核心收紧，身体呈一条直线，缓慢
屈肘放低身体，至胸部几乎触及垫面。

03

伸直双臂，用力撑起身体，恢复步骤 01
中的姿势。抬起一侧腿，屈膝、外展，
靠近同侧手臂。伸直抬起的腿，恢复步
骤 01 中的姿势；换对侧重复。重复上
述步骤，完成规定次数。

要点提示

· 全程核心收紧，不要塌腰。

· 抬起一侧腿时，躯干保持稳定，不要向一侧倾斜。

· 双臂屈曲时吸气，伸直时呼气。

俯卧撑爬坡

训练部位　胸部、肩部、手臂、核心

动作难度

	中级	

主要肌肉　胸大肌、三角肌前束、
肱三头肌、核心肌群

动作步骤

01

面部向下，伸直四肢，以双手、双脚
脚尖为四个支撑点撑于垫面，头、肩、
臀、腿呈一条直线，双臂与垫面垂直，
双手间距略大于肩宽，指尖向前。

02

收紧核心，保持躯干稳定，抬起一侧
腿，屈髋屈膝至膝关节位于胸部正下
方。伸直腿部，恢复步骤01中的姿势。
换对侧重复。

03

双腿交替屈伸3次后，缓慢屈肘降低
身体，至胸部几乎触及垫面，随后伸直
双臂，用力撑起身体，恢复步骤01中
的姿势。重复上述步骤，完成规定次数。

要点提示

· **全程核心收紧，不要塌腰。**

· **双腿交替屈伸时，躯干保持稳定。**

· **双臂屈曲时吸气，伸直时呼气。**

倒 V 形俯卧撑

训练部位　肩部、手臂、胸部

主要肌肉　三角肌、肱三头肌、胸大肌

动作难度

| | 中级 | |

动作步骤

01

面部朝下，核心收紧，双手与双脚分开，间距约等于肩宽，双臂与双腿伸直，身体呈倒 V 形。

▼

02

双腿保持伸直，双臂尽可能屈曲，然后双臂伸直，恢复步骤 01 中的姿势。重复上述步骤，完成规定次数。

要点提示

· 全程核心收紧，身体始终呈倒 V 形。

· 双臂屈曲时吸气，伸直时呼气。

俯卧撑转体

训练部位　胸部、肩部、手臂、核心

主要肌肉　胸大肌、三角肌前束、
肱三头肌、核心肌群

动作难度

	中级	

动作步骤

01

面部向下，伸直四肢，以双手、双脚脚尖
为四个支撑点撑于垫面，头、肩、臀、腿
呈一条直线，双臂与垫面垂直，双手间距
略大于肩宽，指尖向前。

02

保持核心收紧，身体呈一条直线，缓慢屈
肘放低身体，至胸部几乎触及垫面，随后
伸直双臂，用力撑起身体，完成一次俯卧撑。

03

抬起一侧手臂，展开双肩，躯干缓慢向外
旋转，直至指尖垂直向上，双臂呈一条直
线，最后缓慢回转身体，恢复步骤 01 中
的姿势，换对侧重复。重复上述步骤，完
成规定次数。

要点提示

· 全程核心收紧，不要塌腰。

· 转体时，躯干保持稳定，不要左右晃动。

· 双臂屈曲时吸气，伸直时呼气。

直腿臂屈伸

训练部位　手臂、肩部

动作难度

	中级	

主要肌肉　肱三头肌、三角肌

动作步骤

01 背对长凳，双臂伸直，双手撑在长凳边缘，双腿向前伸直，脚尖向上，脚跟撑地，核心收紧。

02 双臂屈肘，肘关节向后，屈髋，缓慢垂直下降身体，肩胛骨后缩，直至上臂与地面接近平行。双臂发力伸直，用力撑起身体，恢复步骤 01 中的姿势。重复上述步骤，完成规定次数。

要点提示

· 全程核心收紧，肱三头肌发力撑起身体，肘部尽量内收，肩部不要耸起，下肢不要发力。

· 双臂屈曲时吸气，伸直时呼气。

屈腿臂屈伸

训练部位 手臂、肩部

动作难度

初级 ▭ ▭

主要肌肉 肱三头肌、三角肌

动作步骤

01 背对长凳，双臂伸直，双手撑在长凳边缘，屈膝屈髋至大腿与地面平行，脚尖向前，脚掌撑地，核心收紧，背部挺直。

02 双臂屈肘，肘关节向后，屈髋，缓慢垂直下降身体，肩胛骨后缩，直至上臂与地面接近平行。双臂发力伸直，用力撑起身体，恢复步骤01中的姿势。重复上述步骤，完成规定次数。

要点提示

· 全程核心收紧，肱三头肌发力撑起身体，肘部尽量内收，肩部不要耸起，下肢不要发力。

· 双臂屈曲时吸气，伸直时呼气。

跪姿臂屈伸

训练部位　手臂

主要肌肉　肱三头肌

动作难度

初级 □ □

动作步骤

01

面部向下，头部处于中立位，背部
挺直，屈髋屈膝，双臂伸直，双手、
双膝和双脚脚尖接触垫面。

02

下半身保持不动，双臂屈肘，使前
臂接触垫面，然后双臂发力伸直，
用力撑起身体，恢复步骤 01 中的
姿势。重复上述步骤，完成规定次
数或时间。

要点提示

· 全程核心收紧，肱三头肌发力撑起身体，肘部尽量内收，肩部不要耸起，下肢不要发力。

· 双臂屈曲时吸气，伸直时呼气。

俯身划船

训练部位　背部、肩部、手臂

主要肌肉　斜方肌、背阔肌、三角肌
后束、菱形肌、肱二头肌

动作难度

初级 ☐ ☐

动作步骤

01 双脚分开，与肩同宽，屈髋屈膝，向前俯身，背部挺直，双臂自然下垂。

02 背部保持挺直，肩胛骨后缩，双臂屈曲、后拉至双手接近躯干，注意手肘不要向外打开，然后恢复步骤01中的姿势。重复上述步骤，完成规定次数。

要点提示

· 全程核心收紧，背部挺直，双肘不要向外打开。

· 双臂屈曲时呼气，伸直时吸气。

坐姿肩外旋

训练部位　肩部

动作难度

初级		

主要肌肉　肩袖肌群

动作步骤

01 坐于椅子上，双脚平放于地面，上半身直立，双肘屈曲，双手自然放于大腿上。

02 上臂保持贴近躯干，前臂向身体两侧打开至极限，拇指朝外，肩胛骨后缩。前臂向身体中线靠拢至彼此平行。重复上述步骤，完成规定次数或时间。

要点提示

· 前臂向身体两侧打开时，上臂尽可能贴近躯干，两侧肩胛骨靠拢。

· 全程核心收紧，背部挺直，不要耸肩。

· 前臂打开时呼气，靠拢时吸气。

俯卧 YTW 形伸展

训练部位　肩部

主要肌肉　三角肌后束、斜方肌、肩袖肌群

动作难度

	中级	

动作步骤

01

俯卧于垫面，面部向下，收紧下颌，双臂伸直并外展约 45 度，双手微握，竖起拇指，身体呈 Y 形。双腿伸直，双脚间距与肩同宽。

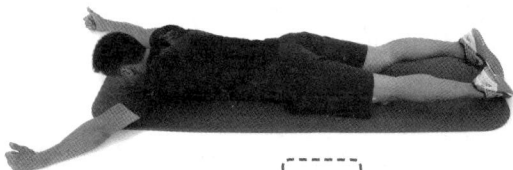

02

核心收紧，挺直躯干，双臂微抬，与地面平行，打开双肩，双臂向后移动至呈一条直线，身体呈 T 形。

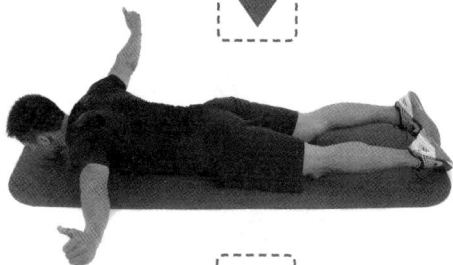

03

肩胛骨后缩，双臂屈肘向躯干移动，至上臂贴近身体两侧，身体呈 W 形，然后伸直手臂，恢复步骤 01 中的姿势。重复上述步骤，完成规定次数。

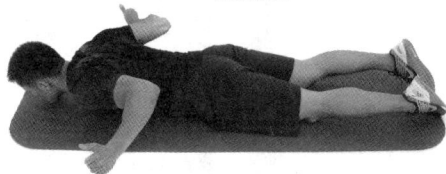

要点提示

· 全程核心收紧，肩颈放松，头部处于中立位。

· 双臂后移时呼气，还原时吸气。

推举

训练部位　肩部

动作难度

初级 ☐ ☐

主要肌肉　三角肌

动作步骤

01 直立，双脚分开，间距与肩同宽，收紧下颌，目视前方，背部挺直，双臂屈肘向上抬起，直至上臂与地面平行，指尖向上，前臂与上臂垂直。

02 向上缓慢伸直双臂，双手靠拢，至双手拇指和食指指尖在头顶上方相触，掌心向前，然后屈肘，恢复步骤 01 中的姿势。重复上述步骤，完成规定次数。

要点提示

· 双臂完全上举时，肘关节不要锁死。

· 全程核心收紧，不要耸肩。

· 双臂屈曲时吸气，伸直时呼气。

动作变式

01 古巴推举

动作难度

初级

动作变化

- 两侧上臂呈一条直线，屈肘90度，掌心向后，指尖向下。
- 保持上臂平稳，前臂向上旋转至与地面垂直。
- 指尖向上，伸直双臂，双手举过头顶。

02 阿诺推举

动作难度

初级

动作变化

- 双臂屈肘于胸前，双手微握，掌心相对。
- 以肩关节为轴，双臂外展并向上伸展，直至双手举过头顶。

第6章

核心训练

平板支撑 – 直臂

训练部位　核心

动作难度

初级 ☐ ☐

主要肌肉　腹横肌

动作步骤

面部向下，收紧下颌，以手掌、脚尖为支撑点，俯身撑于垫面，双臂伸直，双手间距略大于肩宽，收紧腹部、臀部，身体呈一条直线，伸直双腿，双脚并拢。核心持续发力，保持身体稳定。保持该姿势至规定时间。

要点提示

· 全程核心收紧，背部挺直，不要塌腰，肘关节不要锁死。

· 全程均匀呼吸，不要憋气。

动作变式

01　平板俯撑 – 交替摸肩

动作难度

	中级	

动作变化

- 双脚分开。
- 一侧手撑于垫面，另一侧手臂屈肘至碰触对侧肩部。
- 换对侧重复。

02　平板支撑 – 对侧手脚抬起

动作难度

		高级

动作变化

- 双脚分开。
- 同时抬起一侧手臂与对侧腿。
- 换对侧重复。

03 平板支撑 - 手肘交替

动作难度

| | 中级 | |

动作变化

- 双脚分开。
- 一侧手臂屈肘撑于垫面，前臂贴垫，手握拳。换对侧重复。
- 先屈肘的手臂伸直，手掌贴垫。换对侧重复。

04 平板支撑 - 移动

动作难度

| | 中级 | |

动作变化

- 双脚分开。
- 核心收紧，一侧手臂外展，手平移一掌距离。
- 另一侧手臂外展，手平移一掌距离。
- 双臂依次回到原位。

俯撑 – 收腿

训练部位	核心、髋部

动作难度

	中级	

主要肌肉	腹横肌、腹直肌、髋屈肌

动作步骤

01

面部向下，收紧下颌，以手掌、脚尖为支撑点，俯身撑于垫面，双臂伸直，双手间距略大于肩宽，收紧腹部、臀部，身体呈一条直线，伸直双腿，双脚并拢。

02

屈髋屈膝，双脚向前跳跃，臀部往上方移动，直至大腿与胸部贴近。然后双脚向后跳跃，恢复步骤01中的姿势。重复上述步骤，完成规定次数或时间。

要点提示

· 全程核心收紧，背部挺直，保持身体平衡。

· 双脚向前跳跃时呼气，还原时吸气。

俯撑 – 侧抬腿

训练部位　核心、髋部

动作难度

	中级	

主要肌肉　腹横肌、髋屈肌

动作步骤

01

面部向下，收紧下颌，以手掌、脚尖为支撑点，俯身撑于垫面，双臂伸直，双手间距等于肩宽，收紧腹部、臀部，身体呈一条直线，伸直双腿，双脚并拢。

02

抬起一侧腿外展并向前移动，屈髋屈膝，尽量使膝关节轻触同侧上臂。然后伸直腿部，恢复步骤 01 中的姿势，换对侧重复。重复上述步骤，完成规定次数或时间。

要点提示

· 全程核心收紧，背部挺直，身体保持平衡，不要向一侧倾斜。

· 腿抬起时呼气，还原时吸气。

俯撑 – 慢速跨步登山

训练部位　臀部、大腿

主要肌肉　腘绳肌、髂腰肌、臀大肌、
大收肌、短收肌、长收肌、
股薄肌

动作难度

初级 ☐ ☐

动作步骤

01

面部向下，双手撑于垫面，双臂伸
直，双脚并拢，前脚掌撑于垫面；
头部位于中立位，收紧腹部、臀部，
身体呈一条直线。

▼

02

屈髋屈膝，一侧脚向前迈步，至同
侧手臂旁，另一侧腿伸直；换对侧
重复。重复上述步骤，完成规定次
数或时间。

要点提示

· 一侧腿向前跨步的幅度尽可能大，对侧腿向后蹬直。

· 全程核心收紧，背部挺直，身体不向一侧倾斜。

· 迈步时呼气，还原时吸气。

俯撑 – 跨步登山

训练部位　臀部、大腿

主要肌肉　腘绳肌、髂腰肌、臀大肌、大收肌、短收肌、长收肌、股薄肌

动作难度

	中级	

动作步骤

01

面部向下，双手撑于垫面，双臂伸直，双脚并拢，前脚掌撑于垫面；头部位于中立位，收紧腹部、臀部，身体呈一条直线。

02

双脚发力跳起，一侧脚向前迈步，至同侧手臂旁，另一侧腿伸直，前脚掌落于垫面；然后双脚再次快速跳离垫面，于空中交换前后位置，做跨步动作。重复上述步骤，完成规定次数或时间。

要点提示

· 一侧腿向前跨步的幅度尽可能大，对侧腿向后蹬直。

· 全程核心收紧，背部挺直，身体不向一侧倾斜。

· 迈步时呼气，还原时吸气。

俯撑－转体摸脚

训练部位 核心、髋部

主要肌肉 腹横肌、腹斜肌、髋屈肌

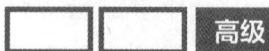

动作难度

		高级

动作步骤

01

面部向下，收紧下颌，以手掌、脚尖为支撑点，俯身撑于垫面，伸直四肢，双手、双脚间距等于肩宽，收紧腹部、臀部，身体呈一条直线。

02

抬起一侧腿，屈髋带动身体向对侧转动，对侧手臂外展，指尖尽量触碰脚，同时支撑腿脚尖内旋。然后恢复步骤01中的姿势，换对侧重复。重复上述步骤，完成规定次数或时间。

要点提示

· 全程核心收紧，背部挺直，保持身体平衡。

· 转体时呼气，还原时吸气。

俯撑 – 交替摸脚

| 训练部位 | 核心 |

训练部位　核心

主要肌肉　腹横肌、腹斜肌

动作难度

| | 中级 | |

动作步骤

01

面部向下，收紧下颌，以手掌、脚尖为支撑点，俯身撑于垫面，伸直四肢，双手、双脚间距等于肩宽，收紧腹部、臀部，身体呈一条直线。

▼

02

屈髋上抬臀部，一侧手离地，向后碰触对侧小腿。然后挺直身体，恢复步骤 01 中的姿势，换对侧重复。重复上述步骤，完成规定次数或时间。

要点提示

· 全程核心收紧，背部挺直，保持身体平衡。

· 手摸脚时呼气，还原时吸气。

侧平板支撑

训练部位　核心

动作难度

初级

主要肌肉　腹斜肌、腹横肌

动作步骤

侧卧，以一侧前臂和脚为支撑点，同侧手臂屈肘 90 度撑于垫面，前臂贴于垫面，上臂与垫面垂直，另一侧手臂屈肘，手扶于同侧腰部。头、肩、臀、腿呈一条直线，双腿伸直，双脚靠拢。核心持续发力，保持该姿势至规定时间。换对侧重复。

要点提示

· 全程核心收紧，背部挺直，身体保持平衡。

· 全程均匀呼吸，不要憋气。

动作变式

01 侧平板支撑 – 顶髋

动作难度

	中级	

动作变化

· 上侧臂向上伸直。

· 最大限度地向上顶髋。

02 侧平板支撑 – 膝碰肘

动作难度

		高级

动作变化

· 上侧臂向上伸直。

· 上侧腿和臂屈曲，膝盖触碰手肘。

卷腹

训练部位 腹部

主要肌肉 腹直肌

动作难度

初级 □ □

动作步骤

01

仰卧，双腿屈曲，双脚分开，双手扶于头侧。

▼

02

核心发力，保持双脚不动，肩部抬离垫面，然后恢复步骤 01 中的姿势。重复上述步骤，完成规定次数或时间。

要点提示

· 全程核心收紧，下背部贴垫，肩颈放松，下半身保持不动。

· 起身时呼气，还原时吸气。

动作变式

01 辅助卷腹

动作难度

| 初级 | | |

动作变化

· 双手抓垫子。
· 肩部抬离垫面时，双手将垫子拉离地面。

02 单腿屈膝卷腹

动作难度

| | 中级 | |

动作变化

· 双手置于臀后，一侧腿屈曲，一侧腿伸直。
· 肩部抬离垫面时，双腿保持不动。

03 抬腿卷腹

动作难度

| | 中级 | |

动作变化

· 双腿抬至与地面垂直。

· 肩部抬离垫面时，双腿保持不动。

04 西西里卷腹

动作难度

| | 中级 | |

动作变化

· 双手交叉，双臂向上伸直。

· 肩部抬离垫面时，双臂始终向上伸直。

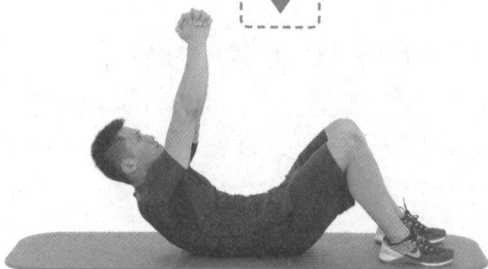

仰卧两头起

训练部位	腹部

动作难度

		高级

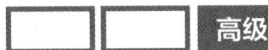

主要肌肉	腹直肌

动作步骤

01

仰卧，核心收紧，双腿和双臂抬离垫面并向外打开。

02

屈髋，双腿并拢并上抬至垂直于地面，脚掌向上，同时肩部抬离垫面，双臂内收，双手够脚尖。恢复步骤01中的姿势。重复上述步骤，完成规定次数或时间。

要点提示

· 全程核心收紧，下背部贴垫，肩颈放松，双脚悬空。

· 起身时呼气，还原时吸气。

仰卧膝碰肘

训练部位	腹部

动作难度

□ □ 高级

主要肌肉	腹直肌

动作步骤

01

仰卧，双臂伸直，双手越过头顶，掌心朝上，手背自然贴地面，双脚靠近，伸直双腿，身体呈一条直线。

02

核心收紧，上背部与双腿抬离垫面，同时双臂屈肘，双手扶于耳侧。转体，一侧膝盖触碰对侧手肘，伸直腿悬空，然后换对侧重复。两侧交替进行膝盖触碰对侧手肘的动作，完成规定次数或时间。

要点提示

· 全程核心收紧，下背部贴垫，肩颈放松，双脚悬空。

· 膝碰肘时呼气，还原时吸气。

反向卷腹 - 臀桥

训练部位 腹部、臀部、大腿

主要肌肉 腹直肌、臀大肌、腘绳肌

动作难度 [ ] 中级 [ ]

动作步骤

01

仰卧，屈髋屈膝，双脚间距等于髋宽，脚掌贴垫面，膝关节向上。双臂伸直，自然放在体侧，手掌贴垫面。

02

核心收紧，双腿上抬，臀部稍稍抬离垫面，然后恢复步骤 01 中的姿势。

03

上抬臀部至大腿与躯干呈一条直线，然后恢复步骤 01 中的姿势。重复上述步骤，完成规定次数或时间。

要点提示

· 全程核心收紧，肩颈放松。

· 臀桥时，臀部收紧，向上顶髋。

· 卷腹或臀桥时呼气，还原时吸气。

卷腹－腿屈伸

训练部位 腹部

主要肌肉 腹直肌

动作难度

	中级	

动作步骤

01

仰卧，双脚并拢，双腿伸直上抬，与地面的夹角约为30度，同时双臂屈肘，双手轻扶头部后侧，头颈部抬起。

02

腹部与大腿收紧，持续发力，保持躯干稳定，大幅度屈髋屈膝，膝关节尽量贴近肘部，臀部微抬，然后恢复步骤01中的姿势。重复上述步骤，完成规定次数或时间。

要点提示

· 全程核心收紧，下背部贴垫，肩颈放松，双脚悬空。

· 屈膝卷腹时呼气，还原时吸气。

仰卧屈膝旋转

训练部位　腹部

主要肌肉　腹直肌、腹斜肌

动作难度

	中级	

动作步骤

01

仰卧，双臂自然放于体侧，手掌贴垫面，收紧臀腹，双脚并拢，伸直双腿，绷紧脚面。

02

双臂外展并伸直，呈一条直线，手掌贴地，同时屈髋屈膝至小腿与地面接近平行，脚尖向上，保持身体稳定，头部与躯干紧贴垫面。

03

保持屈髋屈膝状，双腿倒向一侧，然后倒向另一侧。重复双腿交替向两侧倒的动作，完成规定次数或时间。

要点提示

· 全程核心收紧，上背部和肩部贴垫，双膝屈曲约 90 度。

· 双腿倒向一侧时呼气，还原时吸气。

仰卧摆腿

训练部位 腹部

动作难度

初级 ☐ ☐

主要肌肉 腹直肌

动作步骤

01

仰卧，双腿伸直且并拢，双臂自然放于体侧。双腿向上抬起，一侧腿抬至与垫面的夹角约为 45 度，另一侧腿抬至与垫面的夹角约为 30 度，同时肩部抬离垫面。

02

上半身保持不动，双腿交换位置。双腿匀速上下运动，完成规定次数或时间。

要点提示

· 全程核心收紧，下背部贴垫，肩颈放松，双脚悬空。

· 双腿打开时呼气，还原时吸气。

仰卧交替摸脚

训练部位　腹部

主要肌肉　腹直肌、腹斜肌

动作难度

初级

动作步骤

01

仰卧，屈髋屈膝，双脚微打开，脚掌贴垫面，膝关节向上。双臂伸直，自然放在体侧，手掌贴垫面。

02

核心收紧，抬起肩部和双臂，双臂保持伸直状态，上背部与垫面的夹角约为 45 度。

03

下背部与脚掌紧贴垫面，一侧手触碰同侧脚踝，躯干同时侧屈，然后换对侧重复。双手交替摸同侧脚踝，完成规定次数或时间。

要点提示

- 全程核心收紧，下背部贴垫，肩颈放松，下半身保持不动。
- 手摸脚时呼气，还原时吸气。

坐姿振臂

训练部位	腹部

动作难度

初级 ▢ ▢

主要肌肉	腹直肌

动作步骤

01

坐于垫上，双脚微打开，脚掌与臀部贴垫面，屈髋屈膝至大腿与小腿垂直，核心收紧，背部挺直，头部与背部呈一条直线，躯干微后倾，双臂向前伸直。

02

核心收紧，保持躯干不动，双臂保持伸直并快速向上移动，然后双臂快速上抬，恢复步骤 01 中的姿势。重复上述步骤，完成规定次数或时间。

要点提示

· 双臂保持伸直，上下移动的速度较快、动作连续。

· 全程核心收紧，背部挺直，身体稳定，保持均匀呼吸。

坐姿转体

训练部位　腹部

动作难度

初级 ☐ ☐

主要肌肉　腹直肌、腹斜肌

动作步骤

01

坐于垫上，双脚分开，与髋同宽，屈膝，脚掌贴垫面，双臂屈肘上抬，双手轻扶头部后侧，背部挺直，躯干微后倾。

02

核心收紧，保持身体平衡，躯干向一侧旋转，然后恢复步骤 01 中的姿势，换对侧重复。重复上述步骤，完成规定次数或时间。

要点提示

· 全程核心收紧，背部挺直，下半身保持不动。

· 转体时呼气，还原时吸气。

坐姿收腿

训练部位	腹部

动作难度

初级 ☐ ☐

主要肌肉	腹直肌

动作步骤

01

坐于垫上，双脚并拢，双腿伸直上抬，躯干后倾；双臂向后屈肘，手掌撑于垫面，位于臀后两侧，指尖向前。

02

核心收紧，保持身体平衡，屈髋屈膝，双腿以并拢状态往躯干方向移动，直至大腿与地面接近垂直，然后恢复步骤 01 中的姿势。重复上述步骤，完成规定次数或时间。

要点提示

· 全程核心收紧，背部挺直，双脚悬空。

· 收腿时呼气，还原时吸气。

坐姿交替收腿

训练部位　腹部

主要肌肉　腹直肌

动作难度

	中级	

动作步骤

01

坐于垫上，双脚并拢，双腿伸直上抬，躯干后倾；双臂向后屈肘，手掌撑于垫面，位于臀后两侧，指尖向前。

02

核心收紧，保持身体平衡，一侧腿屈髋屈膝往躯干方向移动，直至大腿垂直于垫面，另一侧腿不动，然后恢复步骤 01 中的姿势，换对侧重复。重复上述步骤，完成规定次数或时间。

要点提示

· 全程核心收紧，背部挺直，双脚悬空。

· 收腿时呼气，还原时吸气。

站姿膝碰肘

训练部位 腹部、大腿、髋部

动作难度

初级 | | |

主要肌肉 腹直肌、腹斜肌、股四头肌、髂腰肌

动作步骤

01 直立，双脚分开，与肩同宽，目视前方，背部挺直，双臂屈肘，双手轻扶头部后侧。

02 核心收紧，低头转体，一侧膝盖抬高并触碰对侧手肘，然后换另一侧膝盖抬高并触碰对侧手肘。重复膝盖抬高并触碰对侧手肘的动作，完成规定次数或时间。

要点提示

· 全程核心收紧，背部挺直，肩颈放松。

· 膝碰肘时呼气，还原时吸气。

第 7 章

下半身训练

深蹲

训练部位	大腿、臀部

动作难度

初级 ☐ ☐

主要肌肉	股四头肌、臀大肌、腘绳肌

动作步骤

01 直立，双脚分开，略大于肩宽，目视前方，背部挺直，双臂自然垂落于大腿两侧。

02 双臂伸直，向前抬起至与地面平行，指尖向前，屈髋屈膝至大腿与地面平行，然后恢复步骤 01 中的姿势。重复上述步骤，完成规定次数或时间。

要点提示

· 下蹲时，膝盖与脚尖方向一致，脚跟不要离地。

· 全程核心收紧，背部挺直。

· 下蹲时吸气，起身时呼气。

动作变式

01 宽距深蹲

动作难度

初级

动作变化

· 双手叉腰，双脚间距约为两倍肩宽。

02 窄距深蹲

动作难度

初级

动作变化

· 双脚间距小于肩宽。

深蹲跳

训练部位	臀部、大腿、小腿

动作难度

	中级	

主要肌肉　股四头肌、臀大肌、腘绳肌、腓肠肌、比目鱼肌、胫骨前肌

动作步骤

01

直立，双脚分开，略大于肩宽，目视前方，背部挺直，双手叉腰。

02

屈髋屈膝下蹲。

03

伸髋伸膝向上跳起，落地时屈髋屈膝缓冲，恢复步骤 02 中的姿势。重复向上跳起动作，完成规定次数或时间。

要点提示

· 下蹲时，膝盖与脚尖方向一致，脚跟不要离地。

· 全程核心收紧，背部挺直。

· 下蹲时吸气，起身时呼气。

动作变式

01 深蹲跳 – 踢臀

动作难度

		高级

动作变化

- 双臂屈肘于胸前，双手微握并靠近。
- 双脚蹬地发力，屈膝向上跳，脚跟尽量踢到臀部。

02 深蹲跳 – 外展腿部

动作难度

		高级

动作变化

- 双脚间距约为两倍肩宽。
- 双脚蹬地发力跳起，于空中外展双腿。

手触地跳跃

训练部位	臀部、大腿、小腿

动作难度

	中级	

主要肌肉	臀大肌、股四头肌、腘绳肌、腓肠肌

动作步骤

01

直立，双脚分开，略比肩宽，目视前方，背部挺直，双臂自然垂落于大腿两侧。

02

屈髋屈膝，俯身下蹲，躯干与地面近乎平行，核心收紧，保持背部挺直，双臂自然垂落于双腿间，与地面垂直，指尖触地。

03

双脚迅速蹬地上跳，伸髋伸膝，绷直脚面，脚尖向下，双臂自然垂于体前。落地时，恢复步骤 02 中的姿势。重复上述步骤，完成规定次数或时间。

要点提示

· 下蹲时，膝盖与脚尖方向一致，脚跟不要离地。

· 全程核心收紧，背部挺直。

· 跳起时呼气，落地时吸气。

屈膝跳

训练部位　臀部、大腿、小腿

动作难度

	中级	

主要肌肉　股四头肌、臀大肌、腘绳肌、腓肠肌

动作步骤

01

直立，双脚并拢，目视前方，背部挺直，双臂自然垂落于大腿两侧。

02

双臂屈肘上抬至胸前，一手搭于另一手上，屈髋屈膝半蹲，躯干呈直线并前倾。

03

双脚蹬地发力，向上跳起，使双膝与手掌相触；双脚落地，双腿屈膝缓冲，然后恢复步骤01中的姿势。重复上述步骤，完成规定次数或时间。

要点提示

· 腾空后，快速团身，让膝盖触碰手掌。

· 下蹲时，膝盖与脚尖方向一致，脚跟不要离地。

· 全程核心收紧，背部挺直。

· 跳起时呼气，落地时吸气。

保加利亚深蹲

训练部位	臀部、大腿

动作难度

	中级	

主要肌肉	臀大肌、股四头肌、腘绳肌

动作步骤

01 直立，目视前方，背部挺直；双臂屈肘于胸前，双手微握并靠近；向后抬起一侧腿，放至椅子上，脚尖触椅面，另一侧腿伸直撑地。

02 躯干保持稳定，下蹲至前侧腿的大腿与地面平行，同时后侧腿屈膝下降；伸直双腿，恢复步骤 01 中的姿势。重复上述步骤，完成规定次数或时间。

要点提示

· 下蹲时，前侧膝盖与脚尖方向一致，脚跟不要离地。

· 全程核心收紧，背部挺直，身体保持稳定。

· 下蹲时吸气，起身时呼气。

弓步蹲

训练部位　臀部、大腿

主要肌肉　臀大肌、股四头肌、腘绳肌

动作难度

	中级	

动作步骤

01 直立，目视前方，双腿伸直，双脚前后分开，前侧脚全脚掌撑地，后侧脚前脚掌撑地；双臂屈肘于胸前，双手微握并靠近。

02 核心收紧，保持躯干稳定，下蹲至前侧腿大腿与地面平行，后侧腿膝关节几乎与地面相触；前侧腿蹬地发力，双腿伸直，恢复步骤 01 中的姿势，换对侧重复。重复上述步骤，完成规定次数或时间。

要点提示

· 下蹲时，前侧膝盖与脚尖方向一致，脚跟不要离地。

· 全程核心收紧，背部挺直，身体保持稳定。

· 下蹲时吸气，起身时呼气。

单腿硬拉

训练部位 臀部、大腿

主要肌肉 臀大肌、腘绳肌

动作难度

 高级

动作步骤

01 直立，目视前方，背部挺直，双臂自然垂落于大腿两侧；一侧腿撑地，另一侧屈髋屈膝，脚尖点地。

02 支撑腿屈髋站稳，躯干挺直俯身至与地面平行，屈膝腿伸直后抬，同时双手自然垂落，掌心向后，然后恢复步骤 01 中的姿势，换对侧重复。重复上述步骤，完成规定次数或时间。

要点提示

· 硬拉时，充分屈髋，支撑腿膝盖微屈。

· 全程核心收紧，背部挺直，身体保持稳定。

· 俯身时吸气，起身时呼气。

硬拉摇摆

训练部位　大腿、臀部

动作难度

初级 ☐ ☐

主要肌肉　腘绳肌、臀大肌

动作步骤

01

直立，双脚分开，略大于肩宽，目视前方，背部挺直，双臂自然垂落于大腿两侧。

02

保持躯干挺直，头部位于中立位，躯干前倾，屈髋屈膝微蹲，双手自然交握，下摆至双腿间。

03

伸直双腿，伸展身体，双手交握上抬至头顶，身体呈一条直线，然后恢复步骤01中的姿势。重复上述步骤，完成规定次数或时间。

要点提示

· 下蹲时，前侧膝盖与脚尖方向一致，脚跟不要离地。

· 全程核心收紧，背部挺直，动作匀速、有控制。

· 下蹲时吸气，起身时呼气。

交替前弓步

训练部位	臀部、大腿

动作难度

	中级	

主要肌肉	臀大肌、股四头肌、腘绳肌

动作步骤

01 直立，双脚分开，与肩同宽，目视前方，背部挺直，双臂自然垂落于大腿两侧。

02 一侧腿向前迈出，下蹲至前侧大腿与地面平行，后侧腿膝关节几乎与地面相触；双臂屈肘于胸前，双手微握并靠近；后侧腿发力，双腿伸直，恢复步骤 01 中的姿势，换对侧重复。重复上述步骤，完成规定次数或时间。

要点提示

· 下蹲时，前侧膝盖与脚尖方向一致，脚跟不要离地。

· 全程核心收紧，背部挺直，身体保持稳定。

· 弓步时吸气，还原时呼气。

交替后弓步 – 对角线

训练部位	大腿、臀部

动作难度

 高级

主要肌肉　股四头肌、腘绳肌、臀大肌

动作步骤

01 直立，双脚分开，与肩同宽，目视前方，背部挺直，双臂自然垂落于大腿两侧。

02 一侧腿向对侧后方跨出，下蹲至前侧大腿与地面平行，后侧腿膝关节几乎与地面相触；双臂屈肘于胸前，双手微握并靠近；前侧腿蹬地发力，双腿伸直，恢复步骤 01 中的姿势，换对侧重复。重复上述步骤，完成规定次数或时间。

要点提示

· 下蹲时，前侧膝盖与脚尖方向一致，脚跟不要离地。

· 全程核心收紧，背部挺直，身体保持稳定。

· 弓步时吸气，还原时呼气。

弓步提膝

训练部位　小腿、髋部

主要肌肉　腓肠肌、髋屈肌

动作难度

	中级	

动作步骤

01 直立，目视前方，双臂屈肘，双手扶腰；一侧腿向前迈出，呈弓步姿势，另一侧腿伸直，前脚掌着地。

02 收紧臀部、腿部，保持躯干稳定，后侧腿向前提膝至大腿与地面平行，前侧腿同时伸直撑地，然后恢复步骤01中的姿势。完成规定次数或时间，换对侧重复。

要点提示

· 全程核心收紧，背部挺直，动作匀速、连贯、有控制。

· 提膝时呼气，还原时吸气。

弓步跳 – 开脚跳

训练部位　臀部、大腿、小腿

主要肌肉　臀大肌、股四头肌、腘绳肌、腓肠肌

动作难度

| | | 高级 |

动作步骤

01
直立，双脚分开，小于肩宽，目视前方，背部挺直，双臂自然垂落于大腿两侧。

02
双脚蹬地发力，向上跳跃，于空中打开双腿，屈腿落地，呈弓步姿势，双臂前后摆动；再次跳起，于空中交换四肢前后位置，以弓步姿势落地。

03
伸直双腿，向上跳跃，同时双手扶腰，双脚并拢落地；接着迅速发力上跳，双腿外展落地；再次跳起，双脚并拢落地，然后恢复步骤 01 中的姿势。重复上述步骤，完成规定次数或时间。

要点提示

· 下蹲时，前侧膝盖与脚尖方向一致，脚跟不要离地。

· 全程核心收紧，背部挺直，四肢动作协调、连贯，保持均匀呼吸。

滑冰式

训练部位　臀部、大腿、小腿

主要肌肉　臀大肌、股四头肌、
腘绳肌、腓肠肌

动作难度

| | | 高级 |

动作步骤

01 直立，双脚分开，小于肩宽，目视
前方，背部挺直，双臂自然垂落于
大腿两侧。

02 屈髋屈膝，一侧腿向外侧横跨一步，
单腿落地，同侧手臂向后摆动；另一
侧腿屈膝 90 度向后踢，同侧手臂向
前摆动；换对侧重复。两侧交替进行，
完成规定次数或时间。

要点提示

· 单腿落地时，前侧膝盖与脚尖方向一致，脚跟不要离地。

· 全程核心收紧，背部挺直，身体稳定，动作匀速、有控制，保持均匀呼吸。

踢臀跑

训练部位　大腿、小腿

主要肌肉　腘绳肌、腓肠肌

动作难度

	中级	

动作步骤

01 直立，双脚分开，小于肩宽，目视前方，背部挺直，收紧腹部，双臂微屈肘向后，双手手背贴近臀部。

02 保持身体稳定，一侧腿屈膝发力，使小腿踢向臀部，脚跟尽可能与手掌触碰，另一侧腿撑地，然后收回踢臀的腿，同时另一侧腿屈膝，重复踢臀动作。两侧交替进行，完成规定次数或时间。

要点提示

· 全程核心收紧，背部挺直，身体稳定，动作连贯，保持均匀呼吸。

前后小跳

训练部位	臀部、大腿、小腿

动作难度

	中级	

主要肌肉	股四头肌、臀大肌、腘绳肌、腓肠肌

动作步骤

01

直立，双脚分开，与肩同宽，目视前方，背部挺直，双臂自然垂落于大腿两侧。

02

收紧臀腹，双脚蹬地发力，向前跳一步左右的距离，屈髋屈膝，双脚并拢落地，同时双臂屈肘于胸前，双手微握并靠近。

03

落地后再次双脚蹬地发力，向后跳回起始位置。双脚交替向前、向后跳，完成规定次数或时间。

要点提示

· 落地时，屈髋屈膝缓冲。

· 全程核心收紧，背部挺直，动作连贯，保持均匀呼吸。

踝关节平行跳

训练部位 臀部、大腿、小腿

动作难度

	中级	

主要肌肉 股四头肌、臀大肌、腘绳肌、腓肠肌

动作步骤

01 直立，双脚分开，与肩同宽，目视前方，背部挺直，双臂自然垂落于大腿两侧。

02 双脚蹬地发力，向上轻跳，脚尖向一侧转动约 45 度，同时带动身体转动，一侧手臂屈肘前摆，另一侧手臂后摆；换对侧重复。两侧交替进行，完成规定次数或时间。

要点提示

· 落地时，屈髋屈膝缓冲。

· 全程核心收紧，背部挺直，四肢动作协调、连贯，保持均匀呼吸。

左右交叉小跳

训练部位	臀部、大腿、小腿

动作难度

 高级

主要肌肉	臀大肌、股四头肌、 腘绳肌、腓肠肌

动作步骤

01

直立，双脚分开，大于肩宽，目视前方，背部挺直，双臂自然垂落于大腿两侧。

02

双脚蹬地发力，向上跳跃，双脚前脚掌落地，双腿前后交叉，同时双臂屈肘于胸前，双手微握。

03

落地后，前脚掌快速蹬地发力，双腿打开。落地时，屈髋屈膝下蹲，然后伸髋伸膝跳起，恢复步骤 02 中的姿势。重复上述步骤，完成规定次数或时间。

要点提示

· 下蹲时，膝盖与脚尖方向一致，脚跟不要离地。

· 全程核心收紧，背部挺直，动作连贯，保持均匀呼吸。

高抬腿

训练部位　臀部、大腿、小腿

主要肌肉　股四头肌、臀大肌、
腘绳肌、腓肠肌

动作难度

	中级	

动作步骤

01 直立，双脚分开，与肩同宽，目视
前方，背部挺直，双臂自然垂落于
大腿两侧。

02 一侧腿屈髋屈膝上抬，直至大腿高于
水平位置，另一侧腿伸直蹬地发力，
然后快速换至对侧重复高抬腿动作。
两侧交替进行，完成规定次数或时间。

要点提示

· 全程核心收紧，背部挺直，四肢动作协调、连贯，保持均匀呼吸。

交替前踢触脚尖

训练部位 大腿

动作难度

	中级	

主要肌肉 股四头肌

动作步骤

01 直立，双脚分开，略大于肩宽，目视前方，背部挺直，双臂自然垂落于大腿两侧。

02 一侧腿屈髋向上踢，对侧手臂伸直向前触碰脚尖，另一侧手顺势后摆；快速换至另一侧重复手碰脚动作。两侧交替进行，完成规定次数或时间。

要点提示

· 一侧腿前踢时尽量伸直，支撑腿微屈。

· 全程核心收紧，背部挺直，四肢动作协调、连贯，保持均匀呼吸。

俯卧腿弯举

训练部位　大腿

主要肌肉　腘绳肌

动作难度

初级

动作步骤

01

俯卧于垫面，头部位于中立位，双臂屈肘，前臂垫于额头下方，面朝垫面，双腿伸直，脚尖撑于垫面。

02

双腿屈膝，双脚并拢，脚跟尽量向臀部靠近，然后恢复步骤 01 中的姿势。重复上述步骤，完成规定次数或时间。

要点提示

· 腿弯举时，上半身和大腿保持不动，大腿后侧发力。

· 腿弯举时呼气，还原时吸气。

跪姿腿画圆

训练部位 臀部、核心

动作难度

	中级	

主要肌肉 臀大肌、核心肌群

动作步骤

01

双手和双膝撑于垫上，双臂与垫面垂直，双手指尖向前。头、背、臀呈一条直线，核心收紧，直视垫面。

02

一侧腿向后伸，以髋关节为中心，伸直腿于空中画圆，另一侧膝盖与双手支撑身体，保持稳定。完成规定次数或时间，换对侧重复。

要点提示

· 全程核心收紧，背部挺直，身体不向一侧倾斜，保持均匀呼吸。

直膝前踢腿

训练部位	臀部、大腿、小腿

动作难度

初级 ▢ ▢

主要肌肉	臀大肌、股四头肌、腘绳肌、腓肠肌

动作步骤

01

直立，目视前方，背部挺直，双臂自然垂落于大腿两侧，双脚并拢。

02

双手握拳，一侧手臂屈肘至胸前，同时对侧腿伸直踢出，脚尖向上，另一侧手臂后摆。

03

前侧脚脚跟先落地，再过渡到全脚掌落地；接着四肢互换前后位置，重复屈肘、前踢腿动作。重复上述步骤，完成规定次数或时间。

要点提示

· 全程核心收紧，背部挺直，四肢动作协调、连贯，保持均匀呼吸。

第8章
全身训练
全身训练

波比跳

训练部位　全身

动作难度

	中级	

主要肌肉　胸大肌、肱三头肌、腹直肌、髂腰肌、臀大肌、股四头肌、腓肠肌、比目鱼肌

动作步骤

01

直立，目视前方，背部挺直，双臂自然垂落于大腿两侧。双腿屈膝，俯身下蹲，双手贴垫面，核心收紧。

02

双脚向后跳至双腿伸直，脚尖点垫面。双臂屈肘于胸前，身体下降。

03

伸直双臂，用力撑起身体，双脚向前跳，然后起身并向上跳跃，双手伸直举过头顶，身体呈一条直线。落地时，恢复步骤 01 中的姿势。重复上述步骤，完成规定次数或时间。

要点提示

· 全程核心收紧，动作协调、连贯，保持均匀呼吸。

动作变式

01　跨步波比

动作难度

初级 □ □

动作变化

- 双手贴垫面，一侧腿先向后伸直，另一侧腿随后伸直，双脚并拢。
- 双腿依次跨步至胸前，起身站直。

02　简化波比开合跳

动作难度

□ □ 高级

动作变化

- 双脚向后跳至双腿伸直，然后双脚分开再并拢。
- 双臂保持伸直，双脚向前跳。
- 起身后，进行一次开合跳。

03 简化波比跳

动作难度

初级		

动作变化

- 双脚向后跳至双腿伸直，紧接着双脚向前跳。
- 起身并向上跳跃，双手在头顶击掌。

04 单臂简化波比跳

动作难度

		高级

动作变化

- 双腿屈膝，俯身下蹲，一侧手贴垫面。双脚向后跳至双腿伸直，紧接着双腿向前跳。
- 起身并向上跳跃，落地时回到起始姿势，换对侧重复。

05 简化波比登山跑

动作难度

		高级

动作变化

- 双脚向后跳至双腿伸直，紧接着双腿交替快速提膝，重复 3 次。
- 双脚向前跳，然后起身并向上跳跃，双手在头顶击掌。

06 箭步蹲波比

动作难度

		高级

动作变化

- 双脚起跳，屈髋屈膝，以弓步姿势落地，双臂屈肘于胸前，双手握拳并贴近。
- 跳起并交换前后脚，以弓步姿势落地。双手贴垫面，进行波比跳后续动作。

交叉臂踢腿跳

训练部位　全身

动作难度

	中级	

主要肌肉　全身肌群

动作步骤

01

直立，双脚分开，与肩等宽，目视前方，背部挺直，双臂自然垂落于大腿两侧。

02

双臂侧平举，双手掌心向下，一侧腿快速向前踢。

03

换至另一侧腿快速向前踢，同时双臂向内收，交叉于胸前，然后恢复步骤 02 中的姿势。重复上述步骤，完成规定次数或时间。

要点提示

· 全程核心收紧，背部挺直，四肢动作协调、连贯，保持均匀呼吸。

原地膝碰肘跑

训练部位	腹部、髋部、大腿、小腿
主要肌肉	腹直肌、腹斜肌、髂腰肌、股四头肌、腓肠肌

动作难度

	中级	

动作步骤

01 直立，双脚分开，与肩等宽，目视前方，背部挺直，双臂自然垂落于大腿两侧。

02 一侧腿屈髋屈膝，抬向对侧，至大腿约与地面平行；另一侧手臂同时向对侧屈肘，至肘关节触碰抬起腿的膝关节；换对侧重复。重复上述步骤，完成规定次数或时间。

要点提示

· 全程核心收紧，背部挺直，四肢动作协调、连贯，保持均匀呼吸。

反向支撑 – 交替摸脚

训练部位　全身

主要肌肉　全身肌群

动作难度

		高级

动作步骤

01

仰卧，双脚和双手撑于垫面，指尖与脚尖方向一致；屈髋屈膝，臀部抬离垫面，头部位于中立位，与躯干呈一条直线。

02

核心收紧，屈髋屈膝，抬起一侧腿向对侧手臂转动，脚尖向上，对侧手臂伸直，触碰抬起的脚；恢复步骤 01 中的姿势，换对侧重复。两侧交替进行，完成规定次数或时间。

要点提示

· 全程核心收紧，背部挺直，臀部离垫，身体保持平衡。

· 手摸脚时呼气，还原时吸气。

左右开合步

训练部位 全身

主要肌肉 全身肌群

动作难度

初级 ☐ ☐

动作步骤

01 直立，目视前方，背部挺直，双臂自然垂落于大腿两侧，双脚并拢。

02 双臂侧平举，掌心向下，同时一侧腿向外横跨一步，双脚间距略大于肩宽；恢复步骤 01 中的姿势，换对侧重复。两侧交替进行，完成规定次数或时间。

要点提示

· 全程核心收紧，背部挺直，四肢动作协调、连贯，保持均匀呼吸。

开合跳

训练部位　全身

主要肌肉　全身肌群

动作难度

	中级	

动作步骤

01

直立，目视前方，双脚分开，略小于肩宽，背部挺直，双臂自然垂落于大腿两侧。

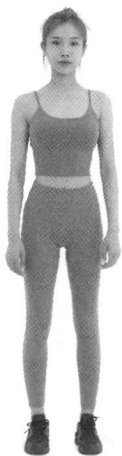

02

屈髋屈膝微蹲，双脚蹬地发力，快速向上跳起，双臂迅速上摆至头顶并击掌，身体充分伸展，同时双腿外展，前脚掌落地。

03

在脚掌将完全落地时，前脚掌再次蹬地发力，快速向上跳起，双臂落向体侧，双脚并拢。重复上述步骤，完成规定次数或时间。

要点提示

· 落地时，屈髋屈膝缓冲。

· 全程核心收紧，背部挺直，四肢动作协调、连贯，保持均匀呼吸。

合掌跳

训练部位　全身

动作难度

| | 中级 | |

主要肌肉　全身肌群

动作步骤

01

直立，双脚分开，与肩同宽，目视前方，背部挺直，双臂自然垂落于大腿两侧。

02

双脚蹬地发力，向上轻跳，双臂侧平举，双腿微屈，双脚一前一后落地。

03

前脚掌再次快速蹬地发力，向上跳起，双腿交换前后位置，同时双手内收击掌；再次跳起并落地，恢复步骤 02 中的姿势。重复上述步骤，完成规定次数或时间。

要点提示

· 落地时，前侧膝盖与脚尖方向一致。

· 全程核心收紧，背部挺直，四肢动作协调、连贯，保持均匀呼吸。

手臂画圆踢腿跳

训练部位　全身

动作难度

| | 中级 | |

主要肌肉　全身肌群

动作步骤

01

直立，双脚分开，与肩同宽，目视前方，背部挺直，双臂自然垂落于大腿两侧。

02

双臂侧平举并以肩关节为中心画圆，同时一侧腿向上跳跃，对侧腿伸直并向前踢。

03

双臂动作不变，双腿交换动作。完成规定次数或时间。

要点提示

· 全程核心收紧，背部挺直，四肢动作协调、连贯，保持均匀呼吸。

第 9 章

放松运动

肱二头肌拉伸

训练部位	手臂

动作难度

初级 □ □

主要肌肉	肱二头肌

动作步骤

01 直立，双脚分开，与肩等宽，目视前方，背部挺直，双手自然放于臀后，十指交叉，掌心向下。

02 肩关节屈曲，夹紧肩胛骨，双臂伸直向后抬起，与躯干的夹角约为 45 度，使上臂内侧有一定程度的牵拉感，保持该姿势至规定时间。

要点提示

· 身体保持直立，双臂尽量向上抬起。

· 全程核心收紧，背部挺直，肩颈放松，保持均匀呼吸。

肱三头肌拉伸

训练部位　手臂

动作难度

初级 ☐ ☐

主要肌肉　肱三头肌

动作步骤

01 直立，双脚分开，与肩同宽，目视前方，背部挺直，双臂自然垂落于大腿两侧。

02 双手上举过头顶，拉伸侧手臂屈肘于头后，手掌轻贴对侧肩胛骨，肘关节向上，对侧手臂屈肘，手握住拉伸侧肘关节，辅助拉伸侧手臂伸展至最大幅度，使上臂外侧有一定程度的牵拉感，保持该姿势至规定时间。换对侧重复。

▶

要点提示

· 身体保持直立，拉伸侧手臂尽量屈曲。

· 全程核心收紧，背部挺直，肩颈放松，保持均匀呼吸。

三角肌后束拉伸

训练部位　肩部

动作难度

初级 ▢ ▢

主要肌肉　三角肌

动作步骤

01 直立，双脚分开，与肩同宽，目视前方，背部挺直，双臂自然垂落于大腿两侧。

02 拉伸侧手臂向对侧伸直，对侧手臂屈曲，肘关节夹住拉伸侧前臂，持续发力向后拉伸，直至拉伸侧肩部有一定程度的牵拉感，同时头部转向拉伸侧，保持该姿势至规定时间。换对侧重复。

要点提示

· 拉伸侧手臂伸直，肩部下压。

· 全程核心收紧，背部挺直，肩颈放松，保持均匀呼吸。

颈部拉伸

训练部位　颈部

动作难度

初级 □ □

主要肌肉　斜方肌、肩胛提肌、
竖脊肌

动作步骤

01 坐于椅子上，收紧腹部，抬头挺胸，目视前方，双臂屈肘，双手轻扶头后两侧，双脚分开。

02 双臂内收夹在头两侧，缓慢低头至颈部有一定程度的牵拉感，保持该姿势至规定时间。

要点提示

· 上半身保持直立，不要耸肩。

· 全程核心收紧，背部挺直，肩颈放松，保持均匀呼吸。

腹部拉伸

训练部位	腹部
主要肌肉	腹直肌

动作难度

初级 ☐ ☐

动作步骤

01

俯卧，身体紧贴垫面，头部与躯干成一条直线，面部向下；双臂屈肘于体侧，指尖向前；双腿分开，脚面绷直。

▼

02

收紧臀腹，伸直双臂，缓慢撑起上半身，头部顺势抬起，仰面朝上，伸展上半身，至腹部有一定程度的牵拉感，保持该姿势至规定时间。

要点提示

· 大腿不要离开垫面。

· 全程核心收紧，肩颈放松，保持均匀呼吸。

上背部拉伸

训练部位　背部

动作难度

初级

主要肌肉　菱形肌、斜方肌

动作步骤

01 直立，双脚分开，与肩同宽，目视前方，背部挺直，双臂自然垂落于大腿两侧。

02 双臂伸直，平行于地面，十指交叉，掌心向前；双臂用力向前伸展，带动双肩前展，肩胛骨尽可能打开，使上背部有一定程度的牵拉感，保持该姿势至规定时间。

要点提示

· 双臂尽可能向前伸，肩胛骨打开至最大幅度。

· 全程核心收紧，肩颈放松，保持均匀呼吸。

胸部拉伸

训练部位	胸部

动作难度

初级 ▢ ▢

主要肌肉	胸大肌

动作步骤

01 双腿屈膝折叠，跪于垫面，脚面绷直，背部挺直，双臂屈肘外展，双手交叉置于腰后，掌心朝后。

02 抬头挺胸，尽量外展肩关节，肩胛骨后缩，双臂向后打开至胸部有一定程度的牵拉感，保持该姿势至规定时间。

要点提示

· 上半身保持直立，双臂尽可能向后打开，肩胛骨后缩至最大幅度。

· 全程核心收紧，肩颈放松，保持均匀呼吸。

梨状肌拉伸

| 训练部位 | 臀部 |

动作难度

| | 中级 | |

| 主要肌肉 | 梨状肌 |

动作步骤

01

仰卧于垫面，双腿屈髋屈膝，将拉伸侧脚踝放置于对侧膝关节上方，双臂屈肘，抱住非拉伸腿，头部与背部紧贴垫面。

▼

02

双手发力，将非拉伸侧腿向胸部拉，使拉伸侧臀部有一定程度的牵拉感，保持该姿势至规定时间。换对侧重复。

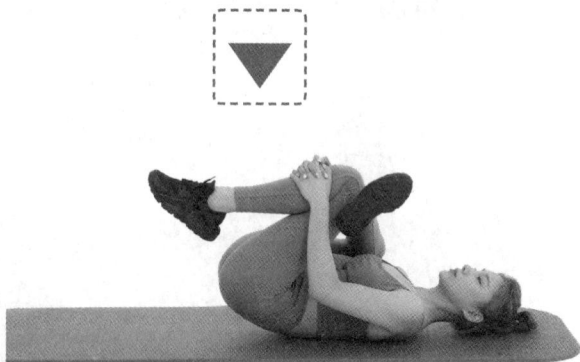

要点提示

· 拉伸侧膝盖尽量远离胸部。

· 全程核心收紧，下背部贴垫，保持均匀呼吸。

臀部拉伸

训练部位　臀部

主要肌肉　臀大肌

动作难度

初级 ☐ ☐

动作步骤

01

仰卧，拉伸侧腿屈膝屈髋，直至小腿与地面平行，脚尖向上，双手交叉抱住拉伸侧腿；对侧腿伸直，躯干紧贴垫面。

▼

02

收紧腹部，双手发力将拉伸侧腿拉向胸部，直至臀部有一定程度的牵拉感，保持该姿势至规定时间。换对侧重复。

要点提示

· 非拉伸侧腿尽量伸直，不要离开垫面。

· 全程核心收紧，下背部贴垫，保持均匀呼吸。

扭转拉伸

训练部位	腹部、背部、臀部

动作难度

	中级	

主要肌肉	腹斜肌、竖脊肌、臀大肌

动作步骤

01

仰卧，拉伸侧腿屈髋屈膝至小腿平行于地面，对侧腿伸直。拉伸侧手臂向一侧伸直且与躯干垂直，对侧手臂自然放于体侧。

▼

02

拉伸侧腿倒向对侧，非拉伸侧手臂按压拉伸侧腿，直至腰腹部和臀部有一定程度的牵拉感，保持该姿势至规定时间。换对侧重复。

要点提示

· 拉伸侧膝盖尽量靠近地面。

· 全程核心收紧，肩部和上背部贴垫，保持均匀呼吸。

髂腰肌拉伸

训练部位　髋部

动作难度

	中级	

主要肌肉　髂腰肌

动作步骤

01 身体呈弓步姿势，前侧腿屈膝 90 度，后侧腿的膝关节贴垫，脚面绷直。前侧腿的同侧手扶膝，另一侧手臂伸直高举过头顶，指尖向上。

02 核心收紧，躯干及头部尽可能向前侧腿一侧大幅度旋转，至髂腰肌有一定程度的牵拉感，保持该姿势至规定时间。换对侧重复。

要点提示

· 前侧膝盖与脚尖方向一致。向前推髋，骨盆不向一侧倾斜。

· 全程核心收紧，身体稳定，保持均匀呼吸。

大腿后侧拉伸

训练部位	大腿

动作难度

初级 □ □

主要肌肉	腘绳肌

动作步骤

01 直立，目视前方，背部挺直，双臂自然垂落于大腿两侧。向前伸直拉伸侧腿，脚跟撑地；对侧腿微屈，脚掌贴地。

02 核心收紧，缓慢俯身，双手相叠于拉伸侧腿膝盖处，后侧腿微屈，臀部后移，直至大腿后侧有一定程度的牵拉感，保持该姿势至规定时间。换对侧重复。

要点提示

· 向前俯身时，下背部尽量挺直，拉伸侧腿尽量伸直。

· 全程核心收紧，身体稳定，保持均匀呼吸。

大腿前侧拉伸

训练部位	大腿

主要肌肉	股四头肌

动作难度

初级 ☐ ☐

动作步骤

01 直立，目视前方，背部挺直，双臂自然垂落于大腿两侧，双脚并拢。

02 拉伸侧腿屈膝，小腿后抬，同侧手将脚拉向臀部。对侧腿单腿撑地，保持身体稳定，同侧手臂可屈肘上抬，以保持平衡。拉伸侧手臂缓慢施力压脚，至大腿前侧有一定程度的牵拉感，保持该姿势至规定时间。换对侧重复。

要点提示

· 全程核心收紧，身体稳定，保持均匀呼吸。

小腿拉伸

训练部位 小腿

动作难度

初级 ☐ ☐

主要肌肉 腓肠肌

动作步骤

01 双手扶椅背，双脚前后分开，拉伸侧腿伸直，对侧腿屈曲，身体前倾，头、背、臀呈一条直线。

02 拉伸侧腿保持伸直，对侧腿进一步屈曲，身体进一步前倾，使小腿有一定程度的牵拉感，保持该姿势至规定时间。换对侧重复。

要点提示

· 身体前倾时，拉伸侧腿尽量伸直，脚掌贴地。

· 全程核心收紧，身体稳定，保持均匀呼吸。

第 10 章

制订训练计划

制订原则

关于 HIIT 计划的制订原则，在前文也提到过相关内容，比如运动强度的评估、目标的设定、需要遵守的事项、相关的饮食建议等。这些内容基本是针对单个动作或单次训练的，这里主要从整体计划的层面来介绍相应的原则。

1 科学的运动方案

制订 HIIT 计划的首要原则是保证计划的科学性。首先，除了严格规定每次训练的总时长、运动时间和休息时间之外，每组运动的具体动作也要依照目标设定，且不能随意更改。其次，以长远的训练计划为参考，规划具体的训练日期。例如，如果一周之中需要训练三次，那么宜将训练安排在星期一、星期三、星期五或者星期二、星期四、星期六。如果做出了合理而详细的规划，哪怕无法非常精准地实现，训练者仍然能对训练产生重视，从而加快训练的进度。最后，结合自身的情况来安排每一次训练的内容。例如，对于需要减脂的人来说，如果一周只能训练三次，那么可以安排一次全身训练、一次针对上半身的训练和一次针对下半身的训练；如果一周能够训练五次，那么在 HIIT 后的第二天安排休息或其他低强度运动，如拉伸、慢跑等，不要连续两天进行HIIT，避免肌肉损伤。

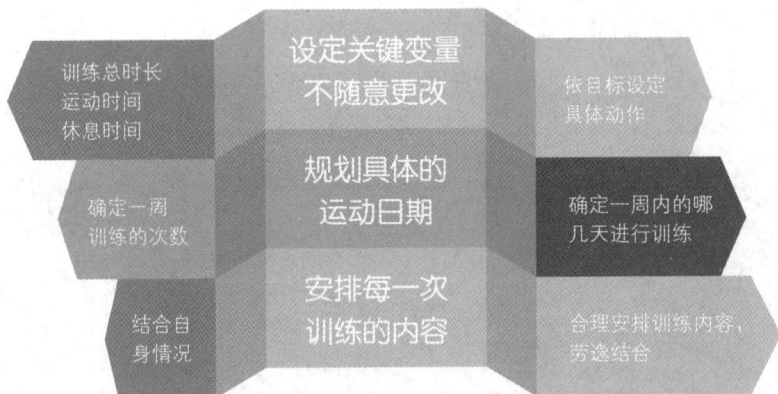

训练总时长 运动时间 休息时间	设定关键变量 不随意更改	依目标设定 具体动作
确定一周 训练的次数	规划具体的 运动日期	确定一周内的哪 几天进行训练
结合自 身情况	安排每一次 训练的内容	合理安排训练内容， 劳逸结合

2 充分的休息时间

这里的休息时间包括间歇休息、短期休息和长期休息三项。间歇休息即每次训练中两组运动或两个动作之间的休息时间，根据实际情况，间歇休息可以是 10 秒、20 秒、30 秒或更多。短期休息指两次 HIIT 之间的休息时间。上文已经讲过应尽量避免连续两天进行 HIIT，虽然我们提倡坚持锻炼，但过度积极会适得其反。尤其在训练刚开始的阶段，训练者极易因为情绪亢奋、缺乏正确的自我判断而过度训练。过度训练的表现有失眠、体重下降过快、关节和肌肉疼痛日益加剧、休息时心率也无法下降、不能标准地完成动作等。其实短期休息是让肌肉快速恢复与生长的好途径，也是给训练者心理和生理减负的时间，因此无须过于急切地进行超负荷训练。长期休息是阶段性训练之间的休息时间。如果将一年作为整体计划的时长，那么可能每个月都会有一个阶段性计划。初期应根据当前情况做出不同阶段的计划，对运动强度、时间等做出规定，而后在训练过程中根据实际情况不断调整，但无论怎么调整都应预留一个休息期——一般为阶段性计划的最后几天。如果一个月为一个阶段，那么第四周便是长期休息时间。第四周中，并非什么都不做，而是相对于前三周的紧张训练，本周主要进行一些低等强度和中强度的运动，为下一阶段的高强度运动做准备。

01

间歇休息

▪ 每次训练中两组运动或两个动作之间的休息时间，如10秒、20秒、30秒或更多

02

短期休息

▪ 两次HIIT之间的休息时间，可让肌肉快速恢复与生长，给训练者提供心理和生理减负的时间

03

长期休息

▪ 阶段性训练之间的休息时间，一般为阶段性计划的最后几天
▪ 并非什么都不做，可安排一些低强度和中等强度的运动，为下一阶段的高强度运动做准备

进阶训练计划 低阶

1

热身 ➡

原地慢跑

60秒 × 1组
匀速
无间歇

➡ 第26页

2

全身舒展

10次 × 1组
匀速
无间歇

➡ 第29页

8

坐姿摆臂

20秒
有控制、快速
间歇：10秒

➡ 第82页

放松 ⬇

7

左右开合步

20秒
有控制、快速
间歇：10秒

➡ 第120页

9

小腿拉伸

30秒/侧 × 1组
静态保持
无间歇

➡ 第138页

10

腹部拉伸

30秒 × 1组
静态保持
无间歇

➡ 第129页

3

膝部屈伸

10次 × 1组
匀速
无间歇
→ 第35页

4

脚踝绕环

10次/侧 × 1组
匀速
无间歇
→ 第36页

6

俯撑 – 慢速跨步登山

20秒
有控制、快速
间歇：10秒
→ 第66页

5

弓步提膝

20秒/侧
有控制、快速
间歇：10秒
→ 第100页

◀ **训练**

**4 个训练动作为 1
组，共进行 4 组，
组间休息 1 分钟**

11

髂腰肌拉伸

30秒/侧 × 1组
静态保持 → 第135页
无间歇

12

颈部拉伸

30秒 × 1组
静态保持
无间歇
→ 第128页

中阶

热身 ➡

1

放松跳

20次 × 1组
匀速
无间歇

➡ 第27页

2

四肢行走

6次 × 1组
匀速
无间歇

➡ 第28页

7

简化波比登山跑

20秒
有控制、快速
间歇：10秒

➡ 第116页

6

收腿俯卧撑

30秒
有控制、快速
间歇：15秒

➡ 第48页

放松 ⬇

8

大腿后侧拉伸

30秒/侧 × 1组
静态保持
无间歇

➡ 第136页

9

髂腰肌拉伸

30秒/侧 × 1组
静态保持
无间歇

➡ 第135页

3

扩胸运动
———
10次 × 1组
匀速
无间歇
→ 第33页

4

手臂绕环
———
10次 × 1组
匀速
无间歇
→ 第30页

5

硬拉摇摆
———
40秒
有控制、快速
间歇：20秒
→ 第97页

◀ **训练**

3 个训练动作为 1 组，共进行 4 组，前 2 组结束后休息 1 分钟

10

胸部拉伸
———
30秒 × 1组
静态保持　　→ 第131页
无间歇

11

颈部拉伸
———
30秒 × 1组
静态保持
无间歇
→ 第128页

高阶

1

热身

原地慢跑

60秒×1组
匀速
无间歇

→ 第26页

2

放松跳

20次×1组
匀速
无间歇

→ 第27页

6

放松

髂腰肌拉伸

30秒/侧×1组
静态保持
无间歇

→ 第135页

7

小腿拉伸

30秒/侧×1组
静态保持
无间歇

→ 第138页

8

腹部拉伸

30秒×1组
静态保持
无间歇

→ 第129页

3

四肢行走

6次×1组
匀速
无间歇

→ 第28页

4

膝部屈伸

10次×1组
匀速
无间歇

→ 第35页

5

波比跳

20秒
有控制、快速
间歇：10秒

→ 第113页

训练

16 组，前 8 组结束后

休息 2 分钟

9

胸部拉伸

30秒×1组
静态保持
无间歇   → 第131页

分部位强化计划　上肢

1

热身 →

扩胸运动

10次×1组
匀速
无间歇
→ 第33页

2

肩部绕环

10次×1组
匀速
无间歇
→ 第31页

8

屈腿臂屈伸

20秒
有控制、快速
间歇：10秒
→ 第53页

7

宽距俯卧撑

20秒
有控制、快速
间歇：10秒
→ 第46页

放松 ↓

9

胸部拉伸

30秒×1组
静态保持
无间歇
→ 第131页

10

肱三头肌拉伸

30秒/侧×1组
静态保持
无间歇
→ 第126页

3

全身舒展

10次×1组
匀速
无间歇

→ 第29页

4

眼镜蛇式

10次×1组
匀速
无间歇

→ 第32页

6

俯卧YTW形伸展

20秒
有控制、快速
间歇：10秒　→ 第57页

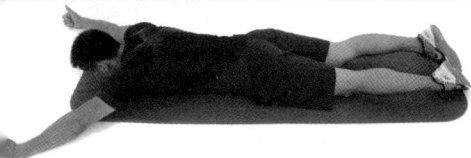

5

训练

4个训练动作为1
组，共进行4组，
组间休息1分钟

阿诺推举

20秒
有控制、快速
间歇：10秒

→ 第59页

11

三角肌后束拉伸

30秒/侧×1组
静态保持
无间歇

→ 第127页

12

颈部拉伸

30秒×1组
静态保持
无间歇

→ 第128页

149

腰腹

1

热身

原地慢跑

60秒×1组
匀速
无间歇

→ 第26页

2

手臂绕环

10次×1组
匀速
无间歇

→ 第30页

8

仰卧两头起

20秒
有控制、快速
间歇：10秒

→ 第75页

7

反向卷腹 – 臀桥

20秒
有控制、快速
间歇：10秒

→ 第77页

放松

9

腹部拉伸

30秒×1组
静态保持
无间歇

→ 第129页

10

臀部拉伸

30秒/侧×1组
静态保持
无间歇

→ 第133页

3

全身舒展

10次 × 1组
匀速
无间歇

→ 第29页

4 眼镜蛇式

10次 × 1组
匀速
无间歇

→ 第32页

训练

**4 个训练动作为 1
组，共进行 4 组**

6 侧平板支撑

20秒
静态保持
间歇：10秒　→ 第70页

5 平板支撑 - 直臂

20秒
静态保持
间歇：10秒

→ 第61页

11

扭转拉伸

30秒/侧 × 1组
静态保持
无间歇　→ 第134页

12

髂腰肌拉伸

30秒/侧 × 1组
静态保持
无间歇　→ 第135页

臀腿

热身 →

1

原地慢跑

60秒×1组
匀速
无间歇

→ 第26页

2

放松跳

20次×1组
匀速
无间歇

→ 第27页

8

踝关节平行跳

20秒
有控制、快速
间歇：10秒

→ 第105页

7

高抬腿

20秒
有控制、快速
间歇：10秒

→ 第107页

放松 ↓

9

小腿拉伸

30秒/侧×1组
静态保持
无间歇

→ 第138页

10

大腿前侧拉伸

30秒/侧×1组
静态保持
无间歇

→ 第137页

3

膝部屈伸

10次×1组
匀速
无间歇

→ 第35页

4

四肢行走

6次×1组
匀速
无间歇

→ 第28页

训练

**4 个训练动作为 1
组，共进行 4 组，
组间休息 1 分钟**

6

单腿硬拉

20秒
有控制、快速
间歇：10秒

→ 第96页

5

深蹲

20秒
有控制、快速
间歇：10秒

→ 第88页

11

臀部拉伸

30秒/侧×1组
静态保持
无间歇

→ 第133页

12

大腿后侧拉伸

30秒/侧×1组
静态保持
无间歇

→ 第136页

多类型减脂计划   4 分钟

1

热身

原地慢跑

60秒 × 1组
匀速
无间歇

→ 第26页

7

仰卧两头起

20秒
有控制、快速
间歇：10秒

→ 第75页

6

俯卧撑

20秒
有控制、快速
间歇：10秒

→ 第43页

放松

8

大腿前侧拉伸

30秒/侧 × 1组
静态保持
无间歇

→ 第137页

9

胸部拉伸

30秒 × 1组
静态保持
无间歇

→ 第131页

2

膝部屈伸

10次 × 1组
匀速
无间歇

→ 第35页

3

扩胸运动

10次 × 1组
匀速
无间歇

→ 第33页

5

4

← 训练

4 个训练动作为 **1**
组，共进行 **2** 组

俯撑 – 跨步登山

20秒
有控制、快速
间歇：10秒

→ 第67页

深蹲跳

20秒
有控制、快速
间歇：10秒

→ 第90页

10

腹部拉伸

30秒 × 1组
静态保持
无间歇

→ 第129页

8 分钟

热身 →

1

原地慢跑

60秒 × 1组
匀速
无间歇

→ 第26页

2

放松跳

20次 × 1组
匀速
无间歇

→ 第27页

3

四肢行走

6次 × 1组
匀速
无间歇

→ 第28页

11

高抬腿

20秒
有控制、快速
间歇：10秒

→ 第108页

10

屈腿臂屈伸

20秒
有控制、快速
间歇：10秒   → 第53页

9

仰卧交替摸脚

20秒
有控制、快速
间歇：10秒   → 第81页

12

俯撑 – 侧抬腿

20秒
有控制、快速
间歇：10秒

→ 第65页

放松 →

13

小腿拉伸

30秒/侧 × 1组
静态保持
无间歇

→ 第138页

14

梨状肌拉伸

30秒/侧 × 1组
静态保持
无间歇

→ 第132页

训练

8 个训练动作为 1 组，共进行 2 组

4

髋部绕环

10次/侧 × 1组
匀速
无间歇
→ 第34页

5

滑冰式

20秒
有控制、快速
间歇：10秒
→ 第102页

8

前后小跳

0秒
有控制、快速
间歇：10秒
→ 第104页

7

上斜俯卧撑

20秒
有控制、快速
间歇：10秒 → 第45页

6

坐姿收腿

20秒
有控制、快速
间歇：10秒
→ 第84页

15

腹部拉伸

30秒 × 1组
静态保持
无间歇 → 第129页

16

肱三头肌拉伸

30秒/侧 × 1组
静态保持
无间歇
→ 第126页

157

10 分钟

热身

1

原地慢跑

60秒 × 1组
匀速
无间歇

→ 第26页

2

全身舒展

10次 × 1组
匀速
无间歇

→ 第29页

8

开合跳

20秒
有控制、快速
间歇：10秒

→ 第121页

7

俯卧撑转体

20秒
有控制、快速
间歇：10秒

→ 第51页

放松

扭转拉伸

30秒/侧 × 1组
静态保持
无间歇

→ 第134页

9

臀部拉伸

30秒/侧 × 1组
静态保持
无间歇

→ 第133页

10

3

手臂绕环

10次 × 1组
匀速
无间歇

→ 第30页

4
眼镜蛇式

10次 × 1组
匀速
无间歇

→ 第32页

6

俯卧两头起

20秒
有控制、快速
间歇：10秒

→ 第75页

5

交替前弓步

20秒
有控制、快速
间歇：10秒

→ 第98页

← **训练**

**4 个训练动作为 1
组，共进行 4 组，
前 2 组结束后休
息 2 分钟**

11

12
腹部拉伸

30秒 × 1组
静态保持　→ 第129页
无间歇

胸部拉伸

30秒 × 1组
静态保持　→ 第131页
无间歇

疯狂燃脂

1

热身 ➡

四肢行走

6次×1组
匀速
无间歇

➡ 第28页

5

放松 ⬇

反向支撑 – 交替摸踝

20秒
有控制、快速
间歇：10秒

➡ 第119页

6

髂腰肌拉伸

30秒/侧×1组
静态保持
无间歇

➡ 第135页

7

小腿拉伸

30秒/侧×1组
静态保持
无间歇

➡ 第138页

膝部屈伸

10次×1组
匀速
无间歇
→ 第35页

放松跳

20次×1组
匀速
无间歇
→ 第27页

手触地跳跃

20秒
有控制、快速
间歇：10秒
→ 第92页

训练

2 个动作为 1 组，共进行 4 组，
前 2 组结束后休息 2 分钟

胸部拉伸

30秒×1组
静态保持
无间歇
→ 第131页

无跳跃

热身

1

四肢行走

6次×1组
匀速
无间歇

→ 第28页

2

扩胸运动

10次×1组
匀速
无间歇

→ 第33页

10

宽距俯卧撑

20秒
有控制、快速
间歇：10秒

→ 第46页

9

平板支撑 – 交替摸肩

30秒
有控制、快速
间歇：15秒

→ 第62页

8

硬拉摇摆

40秒
有控制、快速
间歇：20秒

→ 第97页

放松

11

大腿前侧拉伸

30秒/侧×1组
静态保持
无间歇

→ 第137页

12

大腿后侧拉伸

30秒/侧×1组
静态保持
无间歇

→ 第136页

训练 ➜

6 个训练动作为 1 组，共进行 2 组，组间休息 1 分钟

3

膝部屈伸

10次×1组
匀速
无间歇

➜ 第35页

4

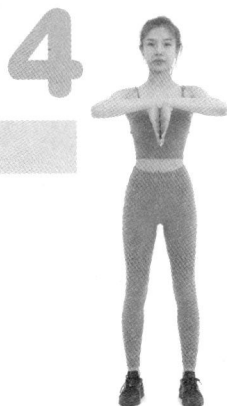

手臂绕环

10次×1组
匀速
无间歇

➜ 第30页

5

交替后弓步 – 对角线

40秒
有控制、快速
间歇：20秒

➜ 第99页

7

窄距俯卧撑

20秒
有控制、快速
间歇：10秒

➜ 第46页

6

仰卧摆腿

30秒
有控制、快速
间歇：15秒

➜ 第80页

13

胸部拉伸

30秒×1组
静态保持
无间歇   ➜ 第131页

14

腹部拉伸

30秒×1组
静态保持
无间歇

➜ 第129页

户外

1

热身

原地慢跑

60秒×1组
匀速
无间歇

→ 第26页

2

全身舒展

10次×1组
匀速
无间歇

→ 第29页

8

屈膝跳

20秒
有控制、快速
间歇：10秒

→ 第93页

7

高抬腿

20秒
有控制、快速
间歇：10秒

→ 第107页

放松

9

小腿拉伸

30秒/侧×1组
静态保持
无间歇

→ 第138页

10

大腿前侧拉伸

30秒/侧×1组
静态保持
无间歇

→ 第137页

3

膝部屈伸

10次×1组
匀速
无间歇

→ 第35页

4

脚踝绕环

10次/侧×1组
匀速
无间歇

→ 第36页

6

合掌跳

20秒
有控制、快速
间歇：10秒

→ 第122页

5

原地膝碰肘跑

20秒
有控制、快速
间歇：10秒

→ 第118页

训练

**4 个训练动作为 1
组，共进行 3 组，
组间休息 2 分钟**

11

髂腰肌拉伸

30秒/侧×1组
静态保持
无间歇

→ 第135页

12

大腿后侧拉伸

30秒/侧×1组
静态保持
无间歇

→ 第136页

办公室

1

热身 ▶

四肢行走

6次×1组
匀速
无间歇

→ 第28页

2

肩部绕环

10次×1组
匀速
无间歇

→ 第31页

9

直腿臂屈伸

20秒
有控制、快速
间歇：10秒

→ 第52页

8

俯撑 – 交替摸脚

20秒
有控制、快速
间歇：10秒

→ 第69页

7

宽距深蹲

20秒
有控制、快速
间歇：10秒

→ 第89页

放松 ▼

10

胸部拉伸

30秒×1组
静态保持
无间歇
→ 第131页

11

肱三头肌拉伸

30秒/侧×1组
静态保持
无间歇

→ 第126页

3

扩胸运动

10次×1组
匀速
无间歇

→ 第33页

4

膝部屈伸

10次×1组
匀速
无间歇

→ 第35页

训练

**5 个训练动作为 1
组，共进行 3 组，
组间休息 1 分钟**

6

弓步提膝

20秒
有控制、快速
间歇：10秒

→ 第100页

5

收腿俯卧撑

20秒
有控制、快速
间歇：10秒

→ 第48页

12

大腿前侧拉伸

30秒/侧×1组
静态保持
无间歇

→ 第137页

13

大腿后侧拉伸

30秒/侧×1组
静态保持
无间歇

→ 第136页